PHP
Business Shinsho

その使い方、間違っています！

# フレームワークの失敗学

Kimitoshi Hori
堀　公俊



PHPビジネス新書

# はじめに

フレームワークとは、物事を考える上での枠組みを表したものです。

3C、4P、SWOT、PDCAといった「ビジネス・フレームワーク」は、今や仕事をする上で不可欠な道具です。いずれも、経営学者や経営コンサルタントがビジネス上の思考ツールとして提唱してきたものです。

すべての問題をゼロから考えていたのでは、時間がいくらあっても足りません。「こう考えれば分かりやすい」という先人たちの知恵を使わない手はありません。

フレームワークを使えば、個人や集団の思考が加速され、スピーディな問題解決や意思決定ができます。今やグローバルビジネスの共通言語となり、世界中の誰とでも同じ土俵で話し合うことができます。

そんな便利なフレームワークですが、世の中に普及するにつれ、誤った使い方や勘違いをする人が増えてきてしまいました。たとえば、皆さんの周りにこんな人はいないでしょうか。

テーマが何だろうが、「よし、SWOTで分析してみよう！」と毎回同じフレームワークを使って片づけてしまおうとする人。フレームワークを使って紋切り型で考え、オリジナルな発想がまったくない人。フレームワークさえあれば理解してもらえると勘違いをして、フレームワークだらけの資料をつくる人……。

こういう輩をまとめて〝意識高い系フレームワーク小僧〟と名づけてみました。かつては男子が多かったので男性名称にしてありますが、最近は女子も増えてきています。本人は「イケてる」と思っているだけに始末に負えません。

フレームワークは、いわば料理のレシピのようなものです。

美味しい料理をつくるには、時と場合に応じて最適なレシピを選ぶのはもちろん、素材選びから盛り付けまで料理人の腕が問われます。しかも、食べる人の好みや環境に応じて味を加減しなければなりません。レシピだけを持っていても美味しい料理はできないのです。

本書は、世間でよく使うレシピをどのように活かすか、料理の仕方を学ぶためのものです。その手掛かりとして、実話に基づくたくさんの失敗事例を紹介していきます。いずれも起こるべくして起こった失敗であり、フレームワークの本質を理解し、狙った目的に最適な活用法を見つける助けとなります。

あわせて、「フレームワークは万能である」という誤解を解くために、広範なビジネス活動のうち、定番のレシピがある領域とまだできていない領域を明らかにしていきます。後者については、持論という名のオリジナルのレシピをつくるか、経験と洞察を元にレシピなしでやるしかありません。そういった〝実践知〟を培《つちか》うことが、どんな状況でも美味しい料理をつくるための唯一の道です。

これからフレームワークを勉強したいという方は、個々のツールを覚える前に本書を一通りお読みください。そうすることで効率的に学べ、失敗を未然に防ぐことができます。ここではレシピそのものは一切解説しませんので、詳しく知りたい方は拙著『ビジネス・フレームワーク』(日本経済新聞出版社)をご覧ください。

ある程度、フレームワークを使っている方。本書をしっかりと読み、自分の料理法が正しかったかをチェックしてみてはいかがでしょうか。それと同時に、自分に合ったフレームワークの使い方を見つけるヒントを探してみてください。あわせて、レシピがない領域に対しては、自分なりの実践知の身につけ方を考えておくようにしましょう。

残念ながらすでにフレームワーク小僧の自覚症状のある方。一旦、フレームワークから離れて（アンラーニングして）みませんか。本書を活用して、フレームワークの元になっている経営学の考え方や最新動向、ひいては世の中の大きなパラダイムを今一度勉強されることをお勧めします。そういった大きな枠組み（メタフレーム）を理解した上で、もう一度フレームワークを学び直せば、小僧が名僧になること間違いなしです。

今、私たちは、かつてないほどたくさんの複雑な問題を抱えて四苦八苦しています。そんな中で、共に力を合わせて解決へと一歩踏み出していかなければなりません。

そのためには、巷にあふれるツールや手法に溺れることなく、基本や原理をしっかりと身につけることが大切です。本書がその一助となれば幸いです。

２０１６年３月

堀　公俊

その使い方、間違っています！

# フレームワークの失敗学

## 目次

## 第2章 「SWOT」分析をしても勝ち筋が見えてこない

## 第3章

# 「4P」をバッチリそろえたのにダメなの!?

第4章

# 完璧な「ロジックツリー」ができたのになぜ？

# 第5章 「意思決定マトリクス」で最善策を選んだのに……

## 第6章 「PDCA」で組織がギクシャクしてしまった！

## 第7章 なぜ「GROWモデル」でやる気を引き出せないのか？

## 第8章 本当に使える！　フレームワーク活用術

本文DTP／アミークス

# 第1章

# フレームワークは魔法の杖じゃない！

# 1-1 愚者は経験に学び、賢者は歴史に学ぶ

## ▼行き当たりばったりで墓穴を掘る

いきなりですが皆さんに質問です。もし、上司から「1週間で斬新な新商品の企画を出せ」と無茶な仕事を頼まれたら、どうやって乗り切りますか。

まずは世の中で何が流行っているか知るために、新聞やネットを調べたり、小売店に顧客動向を聞いて回ったり……。そこで得た情報を元に、アイデアの出せそうな人をかき集めてブレーンストーミングでもすれば、何か案が出るかもしれません。

その中から、2つ3つよさそうなのを見つくろって、見栄えのする企画書にまとめれば、一つくらいは気に入ってもらえるのではないか。とりあえず思いつくのは、そんなやり方ではないでしょうか。

果たして、こんな行き当たりばったりのやり方で、面白いアイデアが出てくるでしょう

か。万が一出たとしても、それで上司を説得できますか。

結局、「なんかイマイチだなあ。もう一回考えてよ」となって、一からやり直し。「今度こそは」と意気込むものの同じことの繰り返し。「提案してはつぶされる」の無限ループに入らないとも限りません。一向に仕事が片づかず、自ら墓穴を掘るようなものです。

「愚者は経験に学び、賢者は歴史に学ぶ」という言葉があります。

経験というのは学習の最良の素材ですが、効率が悪いのが玉に瑕《きず》。ある人の経験が他の人に通用するとは限らず、一般性に乏しいのも痛いところです。

大抵のことは、ある人にとってはじめての経験であっても、人類全体の歴史からみればありふれた話です。今までに無数の人が、ビジネス活動に励んできたのですから、その歴史から学ばない手はありません。

それも歴史を全部学ぶ必要はなく、その集大成としてつくられた、「こうすれば上手くいく」という一般的な法則や原理を活用すればよいのです。それこそが、本書のテーマであるフレームワークです。

### ▼デザイン思考で創造的な企画づくり

先ほどの事例で言えば、こんな感じです。

まずは、どういうフレームワークを使って新規ビジネスを企画するか、作業全体のフレームを検討します。定石としては、戦略フレームワークで的を絞り、問題解決フレームワークで案出しをして、意思決定フレームワークで絞り込みをかけます。それをマーケティングフレームワークで実行プランに落とし込んで企画書をまとめるのが、オーソドックスなところでしょう。

ただ、これだと手堅い提案となって、ユニークなアイデアを期待している上司とギャップが生まれるかもしれません。個々のステップに時間をとられて、1週間では間に合わない恐れもあります。

そこで目をつけたいのが、最近注目の**デザイン思考**です。IDEO社やスタンフォード大学で培われたイノベーションのフレームワークです。

まずは、ターゲットとなる顧客の行動を観察して①共感（Empathize）します。そこからニーズを洞察し、解決すべき問題を②定義（Define）します。次に、多様なメンバーを集め、問題解決のアイデアを③創造（Ideate）して、基本コンセプトをつくります。

それを素早く④試作（Prototype）して、顧客の経験を実際に味わい、アイデアの妥当性を検証します。そうやってブラッシュアップを繰り返した後に、顧客に⑤テスト（Test）してもらい、その知見を元に企画にまとめます。

こうすれば、単に商品を提案するのではなく、顧客が抱える問題の経験そのもの（コト）がデザインできます。よりよい解決に向けてのイノベーションが創造できるかもしれません。

説得力のある提案が効率的に生み出せ、「さすが、よく1週間でまとめた」と褒められるかもしれません。まさにフレームワークの威力です。

### ▼抽象思考と多面思考を活用しよう

フレームワークとは「考え方の枠組み」です。

私たちは「新商品の企画」といった複雑な事柄を考えるのが苦手です。全体像をとらえるのが難しく、どこから手をつけてよいかも分かりません。そのため、多くの人は、「とりあえず……」とやりながら考えようとします。

しかしながら、複雑な事柄であっても、骨組みだけを取り出せば分かりやすくなります。基本的な構造だけをピックアップすれば単純化できます。これを「抽象思考」と呼びます。

具体的な事柄を抽象化してエッセンスを取り出すのです。そうすれば、全体像が頭の中に入るようになります。

あるいは、複雑なものをいくつかの要素にザックリと分けてしまいましょう。新商品の企画プロセスは5つの要素で成り立っている、といったように。

複雑なものも分けて考えれば分かりやすくなります。だから、〝分ける〟と〝分かる〟は同じ漢字を使うわけです。

ただし、分けるといっても、あまりに数が多いと覚えきれなくなるので、できるだけ重要なものに絞らなければなりません。できれば3つ前後、多くても7つ以下にしないと頭に入りません。

とはいえ、ヌケモレがあっては全体を表していることになりません。検討モレがあったのでは、合理的な答えが得られません。必要な要素をMECE（モレなくダブリなく：Mutually Exclusive and Collectively Exhaustive）に取り出すことが重要です。これを「多面思考」と呼びます。

つまり、フレームワークは物事の本質をシンプルにとらえ、必要な視点を漏らさず考えるのに役に立つわけです。複雑な現代社会に生きる私たちにとって欠かせない思考ツールと言ってよいでしょう。

## ▼問題解決と意思決定を加速する

世間にフレームワークと呼ばれるものは無数にあります。

世の中を**人／組織／社会**と集団の大きさで分けるのもそうですし、**現在／過去／未来**と時系列で分けるのもフレームワークです。ジャンルを問わず使えることから「一般的フレームワーク」と呼びます。

あるいは、応用分野に特有のフレームワークもあります。たとえば、政治の世界では**立法／行政／司法**、化学の世界では**個体／液体／気体**が使われています。いずれも、その分野を学んだり実践したりするのに欠かせないものです。

そんな中、経営、ビジネス、仕事を考えるのに役立つのが「ビジネス・フレームワーク」です。

ビジネス・フレームワークは、経営学者や経営コンサルタントがビジネス上の思考ツールとして提唱してきたものです。戦略立案、マーケティング、問題解決、アイデア発想、意思決定、マネジメント、組織開発、コミュニケーションなど、仕事のありとあらゆる分野にわたり膨大なフレームワークが考案されています。

フレームワークを使えばスピーディに要領よく考えることができ、問題解決や意思決定が加速できます。必要な視点を漏らさず、網羅的に検討できるようにつくられており、合理的な答えが見つかりやすくなります。言語や文化を問わず、世界中の誰とでも同じ土俵で話し合うことができます。

フレームワークを身につけることは、ビジネスの基本を身につけることだといっても過言ではありません。使わないのはどう考えても損です。

# 1-2 「伝家の宝刀」の切れ味が悪い

### ▼自信を持って提案したのに怒られた

そんな便利なフレームワークですが、一般に普及するにつれて笑えない話があちこちから聞こえるようになってきました。３つの失敗事例を紹介して、フレームワークの使い方を考える手掛かりにしてみましょう。

ある中堅電子機器メーカーで長らく製品開発をやっていたA君。晴れて経営企画部へ異動となりました。会社の中期経営戦略を立案する大役を仰せつかり、張り切ってＭＢＡ系のビジネス書で猛勉強を始めました。

そんな中、A君が注目した戦略フレームワークがPPM（プロダクト・ポートフォリオ・マネジメント）でした。ボストン コンサルティング グループが開発した古典的なフレームワークです。

図1-1　PPM

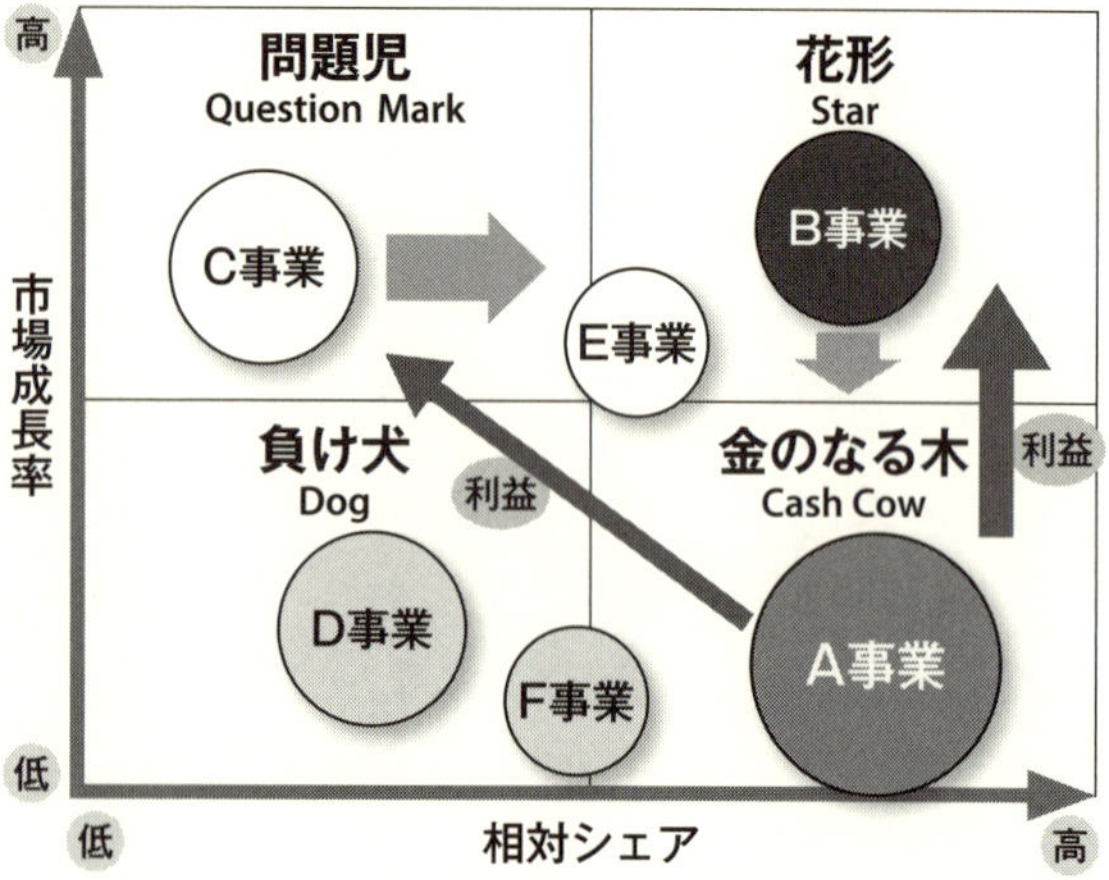


自社の事業や製品を、市場の成熟度（市場成長率）と競争優位性（相対シェア）を元にマッピングをして、金のなる木、花形、問題児、負け犬に振り分けます。それを手掛かりにして、事業の選択と集中や各事業で生み出す利益の振り分け方を検討するものです。

A君が注目したのには理由がありました。創業以来60年、営業が求めるままに製品ラインの拡大を続けてきましたが、市場環境の変化に対応すべく整理が必要になってきたからです。

PPMに光明を見出したA君。早速、詳細な分析を進め、いくつかの製品の整理縮小と新規事業へのさらなる投資を訴える提案書をつくりました。

ところが、自信満々で上司にプレゼンしたところ、「はあ？　何を考えているんだ」とケンもホロロ。「ですから、ＰＰＭのセオリーで言えば……」と反論しようとする声に上司がかぶせてきました。「お前は、会社を何だと思っているんだ？　それで本当によくなると思うか？　一から勉強して出直してこい！」。

## ▼何の病気に効く薬なのか？

Ａ君は、分析を誤ったのではありません。使いどころを間違えたのです。

そもそもＰＰＭは、売上高〇〇兆円といった複合事業体（コングロマリット）を前提に考え出されたものです。独立した事業を複数営んでいる巨大企業で、最適な投資配分を検討するためのフレームワークです。

そのため、事業同士のシナジー効果や見えない付加価値は、直接的には扱いません。事業規模の小さい企業で、無理に事業を分けて当てはめても、適切な答えが得られるとは限りません。

たとえば、簡単に解雇のできない日本企業では、下手《へた》に撤退するよりも、赤字でも余剰人材を活用するほうが得な場合が少なくありません。収益の低い事業であっても、ブランドイメージや従業員の士気を支えていることもあります。今、問題児だからといって早期に撤退すると、将来の芽を摘《つ》むことになりかねません。

それに、規模の小さい会社では、4象限に綺麗に事業や商品が分かれず、真ん中あたりで団子状態になりがちです。他にも、4つの領域の境界線が曖昧である、シェアだけではなく利益も加味しないといけないのではないか、シェアが大きいほど儲かるとは限らないのではないか、という批判もあります。そもそも、現在のデータで将来が予想できるのか、という根源的な疑問もあります。

土台、アメリカの巨大企業に対する分析手法を、事業の切り分けが難しい日本の中堅メーカーに当てはめることに無理があります。やったとしても、あくまでも判断材料の一つを提供するものに過ぎない、と考えるべきでしょう。

### ▼前提を間違えるととんでもないことに

このようにすべてのフレームワークには、それが生まれた経緯や背景、すなわち前提があります。残念ながら、安直なフレームワーク本（私も結構書いていますが……）を見ても書かれておらず、最終的には原著に当たらないと分かりません。

さらにやっかいなのが、当たり前過ぎて原著にすら書いていない前提です。それは、フレームワークを生み出した国（多くはアメリカ）と日本とのビジネス習慣や文化の違いです。

一例を挙げると、アメリカでは社員はコストであり、利益のためにリストラすることを厭《いと》いません。ところが、日本では社員は家族であり、痛みをみんなで分かち合おうとします。株主利益を最優先に考える個人主義の国と、社員やお得意様を大切にする集団主義の国では考え方がまるで違います。

もっと言えば、戦略、組織、ビジネス、マネジメント、リーダーシップといった言葉の意味すら、民族や企業の文化によって微妙な違いがあります。それらを頭に入れてフレームワークを勉強しないと、A君のようなとんでもない間違いをやらかす恐れがあるのです。

# 1-3 フレームワークは両刃の剣

## ▼一枚岩のチームをつくりたい！

2つ目は、大手流通業のBさんの事例です。人材開発部に勤める彼女は、研修やワークショップを通じてイキイキとした人と組織をつくるのが仕事です。

Bさんの会社は、流通再編の流れを受け、いくつかの企業が合併を繰り返して今の姿になりました。企業文化が違う人たちが一緒に仕事をしているため、従業員同士のコミュニケーションが今一つ上手くいきません。派遣やパートなど非正規雇用の人ともギクシャクしがちです。

しかも、業務は忙しくなるばかり。現場ではゆっくり話し合うどころか、朝礼すらままなりません。こんな状態ではとても一枚岩になって熾烈な競争を勝ち抜いていけません。

危機感を感じたBさんは、コーチングやファシリテーションなどのスキル研修に加え、

図1-2　エニアグラム

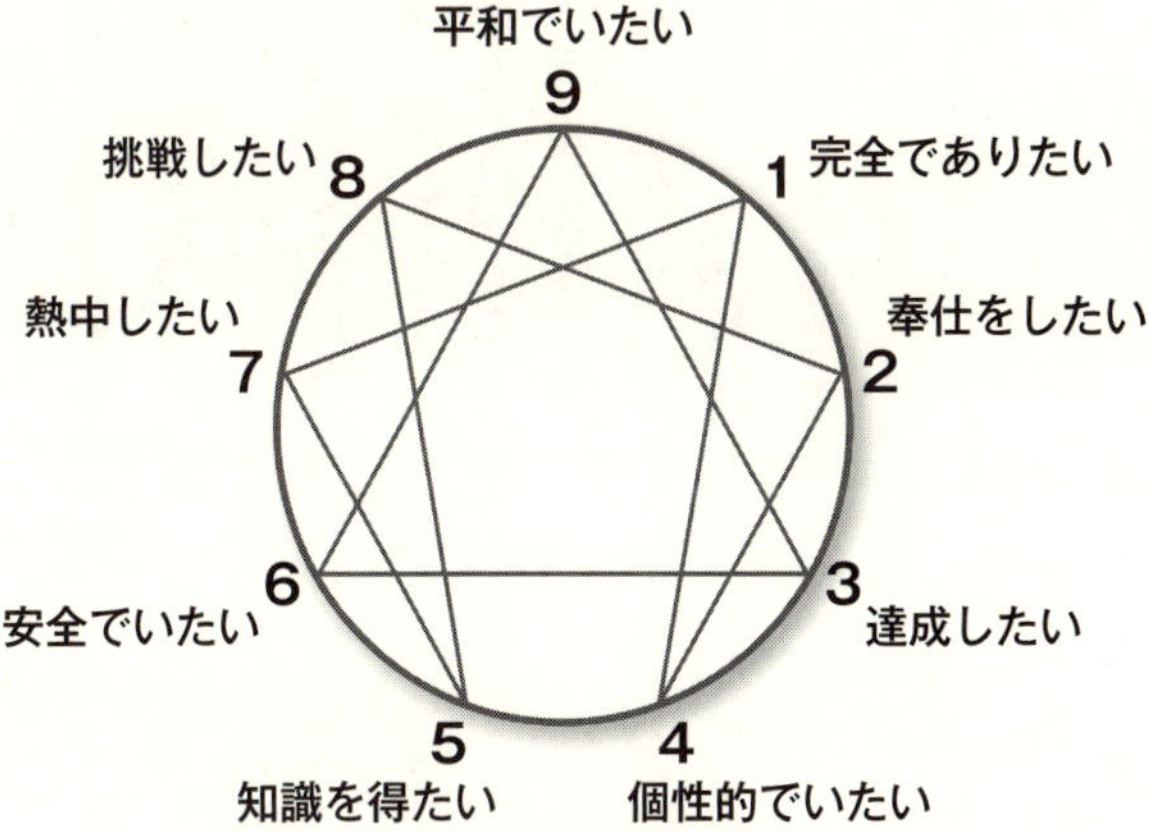


従業員の意思疎通を促進するフレームワークを探しました。そして見つけたのがエニアグラムです。

エニアグラムは、人間のタイプを9つに分けるフレームワークです。たとえば、私はタイプ5〈知識を得たい人〉に分類されます。タイプ7〈熱中したい人〉やタイプ8〈挑戦したい人〉と補い合う関係にあります。こんな風に、自分や相手を理解し、互いの関わり方を知る上で役に立ちます。

タイプの違いは、完全、奉仕、達成、個性、知識、安全、熱中、挑戦、平和といった内的欲求の違いから生まれています。他にもエゴグラム、ハーマンモデル、MBTIといったタイプ分けのフレームワークがあるのですが、使いやすさではエニアグラムに軍配があがります。

早速Bさんは、組織全体にエニアグラムを浸透させるべく、大々的に研修を始めました。毎回社員のウケも大変よく、「ためになった」「これは使える！」と大好評。回を重ねるうちに、現場でも「タイプ○○」という言葉が飛び交うようになり、相互理解に一役買ってくれました。Bさんの狙いは見事に的中したわけです。

### ▼そんなはずじゃなかったのに……

ところが、3カ月ほどしてコミュニケーションの異変に気づきました。「どうせあなたはタイプ4だから、空気が読めないんだ」「そういうことを言うのが、いかにもタイプ3だな」といった会話が聞こえるようになってきたのです。

本人そのものを見ようとせず、その人に貼られたレッテルを見て判断してしまう現象です。「ラベリング」と呼びます。

血液型で相手を判断するのと同じです。そのほうが、手間が省けて理解するのが楽だからです。相互理解が進んだように見えて、逆効果になってしまったわけです。

「そんなはずじゃなかったのになあ……」と思っていた矢先、Bさんは上司に呼び出されました。取り組みを再考するように言い渡されてしまったのです。

それを聞いて、「だから、タイプ6の〈安全でいたい人〉は嫌いなんだ」と心の中でつぶやいたBさん。あらためて事の重大さに気づいたのでした

## ▼ハンマーしか持っていないとすべてが釘に

まさにフレームワークの反作用です。効果の高いフレームワークであればあるほど強くなります。

フレームワークを使えば、物事を考えやすくなります。ところが、やり過ぎるとそれにとらわれてしまい、柔軟な思考ができなくなってしまいます。

フレームワークが、かえって固定観念や先入観になってしまうわけです。フレームワークという眼鏡でしか世の中を見ることができなくなると、かえって本質を見失いかねません。

欲求階層説で有名な心理学者A・マズローは「ハンマーしか持っていないと、すべてが釘に見えてしまう」という名言を残しました。

そうならないためには、眼鏡をはずしたり、違う眼鏡をかけたりする必要があります。

それができてはじめて、本当の意味でのフレームワークの使い手と言えます。

## 1-4 お神輿かつぎが組織を疲弊させる

### ▼4つの視点で合理的な経営を進める

3つ目は、全員集会での事業部長の訓示を聞きながら、「また、お祭り騒ぎが始まったか……」と思わずため息をついたC氏の事例です。

C氏は大手機械メーカーの購買部門に勤める管理職（プレイングマネジャー）です。自分が担当している部材が多数あるのに加え、6人の部下の面倒を見なければなりません。目標管理や人事考課といった定常業務に加え、パワハラ対策会議やメンタルヘルス委員会と仕事は増える一方。遅くまで一人残って仕事を片づける毎日です。

そんなある日、R・キャプラン＆D・ノートンが開発したBSC（バランス・スコア・

図1-3　BSC

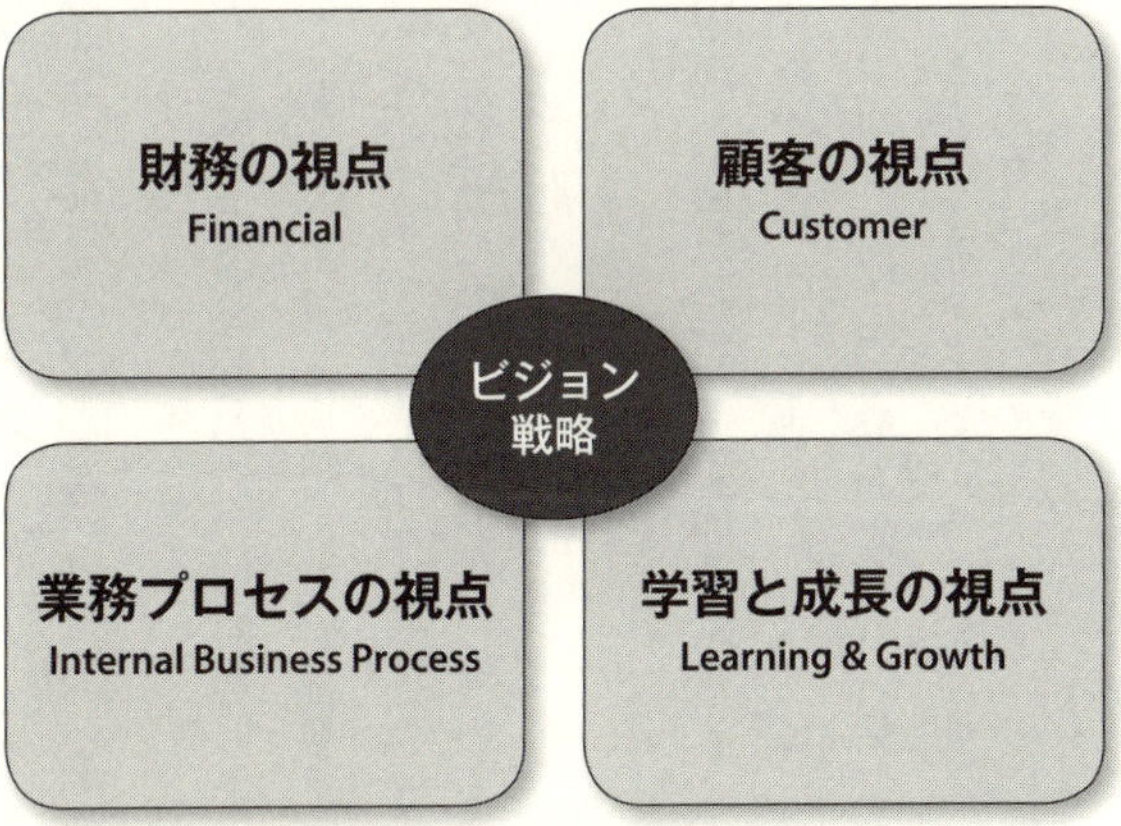


カード）を全社的に導入するという話が突然舞い降りてきました。事業部長が直々に説明をするので、係長・主任以上は全員食堂に集合するようにと。

ＢＳＣとは業績評価や経営管理に用いるフレームワークです。財務、顧客、業務プロセス、学習と成長の４つの視点でバランスよく戦略やマネジメントを考えるところに特長があります。

まずは、企業の戦略を４つの視点に展開し、各々の戦略目標を達成するために不可欠な重要成功要因を定めます。さらに、それらを定量的な数値目標に落とし込み、達成度を測るための評価指標を設定します。

こうすれば、戦略が具体的なアクションに

つながり、日々の行動がビジョンの実現にどのように影響を与えるかが分かります。進捗《しんちょく》状況も逐次モニタリングができ、着実に目標達成へとマネジメントできるようになります。

そんな説明を聞きながら、以前も似たような場面に居合わせたことをC氏は思い出しました。5年前に全社挙げて「経営品質活動」を展開したときです。

あのときも戦略展開、価値創造、学習プロセスといった言葉を聞きました。「二の舞にならなければいいが……」と思っているうちに、事業部長の熱弁は終わりを迎えたのでした。

### ▼現場を何だと思っているんだ!

C氏の予感は的中しました。当初は、各部署で任命されたBSC推進委員を中心にさまざまなプロジェクトが立ち上がり、活気ある議論が展開されていました。

ところが、1年もしないうちに息切れしだし、現場から「こんなことをやっている暇はない」「一体、何の役に立つんだ」と不平不満の声が大っぴらに聞こえるようになってきました。

そこを、「会社の方針だから」と押し切っても、「やっているふり」「やっているつもり」が横行し、どんどん活動が形骸化していきます。ぶち上げた張本人の役員が異動になったのを契機に、「そろそろ手じまいにしてはどうか」という話になり、「現場に根づいた」という報告書をでっち上げて、壮大なプロジェクトは幕を閉じたのでした。

「やれやれ、やっと終わったか」と一息ついたのも束の間、C氏の耳に嫌な噂が届きました。新しい専務がE・リースの**リーンスタートアップ**を大々的に導入しようと息巻いているというのです。

「いい加減にしてくれ。現場を何だと思っているんだ！」と心の中で叫ぶのを抑えられないC氏でした。

## ▼道具に振り回されては意味がない

皆さんの会社でも似たような話はないでしょうか。

鳴りもの入りで導入したフレームワークが大した成果も出さずにお蔵入り。今度こそはと、別のフレームワークを持ってきてまた中途半端で投げ出してしまう。果てしない〝お神輿《みこし》かつぎ〟が続き、現場はどんどん疲弊していきます（その陰で、フレームワークを持ち込んだコンサルティング会社が潤っていきます）。

　フレームワークを使えば自動的に成果が出るわけではありません。フレームワークで問題がたちどころに解決するわけでもありません。フレームワークは鋸《のこぎり》や金槌《づち》といった道具に過ぎません。その道具をつくって家を建てるのは私たちです。

　金槌一丁で家は建てられず、どんな場面でどんな道具を使うか、使い手の知恵が問われます。

　いくらよい道具をそろえても、上手に使いこなさないと家は建ちません。目標に向かってみんなで協力しないと、とんでもない家になります。そのことを忘れるとＣ氏の会社のようになってしまうわけです。

# 1-5 フレームワークを使いこなすには技が要る

## ▼使用上の注意をよくお読みください

3つの失敗事例を見てきましたが、どのような印象をお受けになったでしょうか。中には、「フレームワークを使うのは案外難しいんだ」「ちょっと私には無理かな」と敬遠気味になった方がいらっしゃるかもしれません。決してそんなことはありません。第一、もはや使わずに済ませられる時代ではありません。

要は、フレームワークを正しく理解して使えばよいだけの話。「使用上の注意」を読まずに飛びつくからそうなるのです。

分かりやすくするために、フレームワークを薬にたとえてみましょう。薬を服用するには一般的に3つの注意事項があります。

**（1）正しく服用しないと効果がありません。誤った服用は病気を悪化させる恐れがあります。**

一つ目の事例（PPM）では、症状に合わない薬を飲もうとして、上司に怒られてしまいました。抱える病気に最適な薬を選択するのはもちろんのこと、各自の症状に合わせて飲み方を加減しないといけません。そうしてこそ薬が持つ本来の力が発揮されます。

**（2）よく効く薬には必ず副作用があります。効用と副作用を総合的に判断して服用ください。**

副作用を考えずに服用すると2つ目の事例（エニアグラム）のようになってしまいます。効果の高い薬になればなるほど副作用の恐れが高まります。副作用の影響を常に監視して、抑えるための方策をセットで考える必要があります。

**（3）最終的に病気を治すのは、薬ではなく本人の力です。安易に薬に頼らず、気力や体力を充実させることを忘れないでください。**

いくら薬を飲んでも、基礎体力が伴わないと3つ目の事例（BSC）のようになってしまいます。普段から、栄養を摂《と》ったり運動をしたりして、薬の効果が発揮できるような体質にしておかなければなりません。

フレームワークは、一振りすればたちどころにどんな病も治す〝魔法の杖〟ではありません。健康になりたければ、当たり前のことを当たり前にするしかなく、それが失敗しないための唯一の方法です。

フレームワークを習得するとは、単にフレームワークをたくさん覚えることではありません。フレームワークを使いこなす技術やノウハウを培うことです。そこを間違えないようにしましょう。

## ▼フレームワークには限界がある

フレームワークを学んだり使ったりするにあたり、もう一つ必ず頭に入れておいてほしいことがあります。もう一度、薬のたとえに戻ります。

世の中にどんな病気でも治せる万能薬はありません。薬で治せる病気もあれば、認知症や腰痛のように治せないものもあります。だからといって治らないわけではなく、リハビりをしたり健康に気をつけたりすることによって、病状を改善することはできます。薬がすべてではないのです。

フレームワークも同じです。ビジネス・フレームワークは、経営学の理論のエッセンスを取り出し、誰でも使える思考ツールとして開発されたものです。合理的にビジネスを進めるために、「こうすれば上手くいく」「こうすれば考えやすくなる」といったセオリー（法則や原理）として、誰もが使えるよう一般化したものです。

ところが、ビジネスに関わるすべてのことを合理的なセオリーにできるとは限りません。４つの経営資源で言えば、モノやカネの話はやりやすいのですが、ヒトや知識の話は感情やひらめきといった非合理的な部分が大きな位置を占めています。

つまり、フレームワークはビジネス活動の全部をカバーしているわけではなく、使えるところと対処できないところがあります。フレームワークだけに頼らず、経験則、持論、創造力、抽象化力、直観、センスといった実践知を総動員しなければ、思うような成果は得られません。

### ▼世の中をメタフレーム＝大きな枠組みで眺めてみよう

では、どんな場面なら役に立って、どんな場面は歯が立たないのでしょうか。それを知るには、フレームワークの世界の全体像を俯瞰《ふかん》的に見る必要があります。そのために活用したいのが、世の中を見る大きな枠組みである「メタフレーム」です。

たとえば、人・組織・社会のさまざまな問題を考えるにあたり、成長に重きを置くのか、成熟を重要視するのか、大きく2つの見方があります。前者は挑戦、変化、進歩を大切にし、後者は完全、安定、調和を目指します。これが**成長／成熟**のメタフレームです。

ビジネス・フレームワークで言えば、明らかに前者をベースにして考えられています。ビジネスの土台となる資本主義とは成長を前提に考え出されたものだからです。しかも、アメリカ文化の影響を色濃く受けています。成長、挑戦、変化こそが善とされ、それらを具現化するためのフレームワークがたくさん考案されています。成長を望むなら、基本的には使ったほうが得です。

ところが、成長を追い求めるあまり、環境を破壊したり、人間性が疎外されたりしたのでは本末転倒です。成熟を求めて完全や安定を目指すのも一つのやり方です。

にもかかわらず、こちらのほうはあまりフレームワーク化されておらず、哲学や心理学の領域となっています。これらの分野の知識や技法を身につけないと対処しきれず、合理的なやり方を進めるとかえってややこしくなります。

こんな風に、数あるビジネス・フレームワークをメタフレームでとらえ直してみれば、より望ましい活用の仕方が見えてきます。それを、戦略、マーケティング、問題解決、意思決定、マネジメント、組織開発の6つのカテゴリーに分けて、失敗例を交えながら紹介していきます。あわせて、各々のカテゴリーで覚えておくべき考え方や上手に活用するためのコツ、さらには最新の動向までお話ししていきます。

興味のあるところから読み進め、まずはフレームワークの世界の全体像をつかむところから始めてください。その上で、最後の章を読んでもらえれば、フレームワークの本当の意味がよく分かるはずです。

# 第2章

# 「SWOT」分析をしても勝ち筋が見えてこない

# 2-1 「戦略」フレームワークとは

## ▼厳しい競争を勝ち抜くために

フレームワークという言葉を聞いて多くの人が思い浮かべるのが、ＰＰＭをはじめとする戦略フレームワークではないかと思います。

ビジネスは企業と企業の戦いです。戦いに勝ち残れないと生き延びていけません。とはいえ、ヒト・モノ・カネといった資源には限りがあり、無暗《むやみ》に戦いを挑んでも勝利は得られません。

どこを戦う場にするのか、どうやったら効果的に戦えるのか、大まかな方針や長期的な作戦が重要になります。それを考えるためのツールが「戦略フレームワーク」です。

戦略は、営利企業に限らず、ありとあらゆる組織に不可欠なものです。医療、福祉、教育、環境、政治、市民運動といった非営利活動においても、戦略的に運動や事業を進めていかないと、思うような成果が得られません。

もっと言えば、戦略が必要なのは組織に限りません。たとえば、皆さんが住んでいる街も、長期的な視点でどうやって発展させていくか、作戦が要ります。街の魅力がなくなると人が出ていってしまい、寂れてしまうからです。地方自治の時代とは、生き残りをかけて街と街が競争する時代だとも言えます。

あるいは、個人においても、自分の知識や能力を最大限に活かして、社会の中で生きる場所を見つけなければいけません。そこには、仕事、ポスト、地位などを巡る熾烈な競争がつきものです。戦略的にキャリアをデザインしていかないと、現代社会を勝ち残っていけないのです。

人・組織・社会のどの側面をとっても、戦略を考える作業は欠かせません。戦略フレームワークは、厳しい競争を勝ち抜かなければならない現代人にとって、必須のツールだといっても過言ではないでしょう。

### ▼フレームワーク界の定番中の定番が並ぶ

この分野は、経営学の中でもフレームワーク化がかなり進んでいる領域です。代表的なものをいくつか紹介しましょう。

戦略を立てる手掛かりは、自分（内部資源）や自分を取り巻く状況（外部環境）にあります。そのためのフレームワークとして有名なのが３Ｃ（顧客：Customer、競合：Competitor、自社：Company）やＡ・ハンフリーが提唱したＳＷＯＴ（強み：Strength、弱み：Weakness、機会：Opportunity、脅威：Threat）です。

内部をさらに詳しく分析したいときは、ＶＲＩＯ（経済価値：Value、希少性：Rarity、模倣困難性：Inimitability、組織：Organization）やマッキンゼー社の７Ｓ（戦略：Strategy、組織構造：Structure、システム：System、価値観：Shared value、能力：Skill、人材：Staff、文化：Style）があります。Ｍ・ポーターのバリューチェーンのように、組織内部の機能のつながりに着目したフレームワークもあります。

逆に、外部に特化したのがＰＥＳＴ（政治的：Politics、経済的：Economics、社会的：Social、技術的：Technology）です。競争状況を分析する５Ｆ（ファイブフォース）は、どの業界で戦うかを考える上で強力なツールとなります。

それらに対して、取るべき戦略の選択肢（バリエーション）を教えてくれるのが、**競争戦略ポジショニング**です。狙う市場の広さと競争優位性を元に、コストリーダーシップ戦略、差別化戦略、ニッチ戦略のどれを取ればよいかを示唆してくれます。

多角化した事業の再構築をするためのＰＰＭや、事業規模の拡大を考えるアンゾフのマトリクスも基本的な方向性を考える上で便利なツールです。ランチェスター戦略を使えば、弱者が強者に立ち向かうときの戦い方を教えてくれます。

## 2-2 戦略には2つの考え方がある

### ▼ポジショニングVSケイパビリティの論争

たくさんある戦略フレームワークですが、大きく2種類に分けられます。それは、戦略論の発展の歴史でもあります。

一つは、どんな業界で戦うのか、そこでどんな位置取りをするのかを見極めることが戦略の決め手となる、という考えです。「ポジショニング論」と呼びます。フレームワーク

図2-1　5FとVRIO

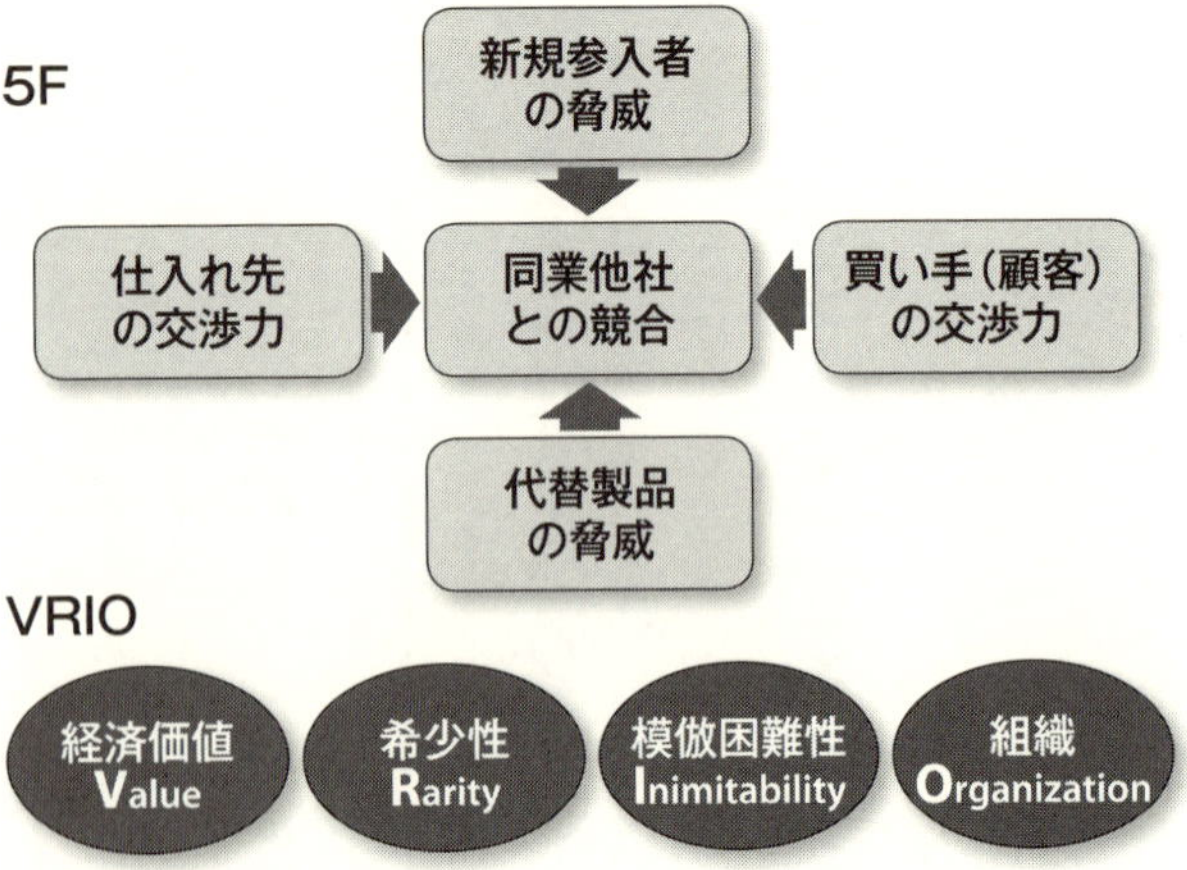


で言えば、Ｍ・ポーターの５Ｆや競争戦略ポジショニングが代表選手です。

　戦争に置き換えると、どの場所を戦場とするのかを考え、自分に有利なところに陣を敷くのがポジショニング論です。逆に言えば、それができないときは、局地戦やゲリラ戦といった弱者でも互角に渡り合えるような戦い方に引きずり込みます。あるいは、いっそのこと戦わないという選択もあります。

　それに対して、戦いに勝てるかどうかは、持っている資源とそれを活用できる能力にかかっている。それらを最大限に発揮できる戦い方こそが優れた戦略である、と考えるのが「ケイパビリティ論」です。フレームワークで言えば、Ｊ・バーニーのリソース・ベースド・ビューで用いるＶＲＩＯです。Ｗ・キム＆Ｒ・モボルニュが提唱する**ブルーオーシャン戦略**はこの流れを汲みながらも、両者を上手く融合したものです。

同じく戦争にたとえると、我方には一撃必殺の秘密兵器がある。それを開発するには何年もかかり、すぐには真似ができない。しかも、それを命知らずのよく訓練された兵士とセットで使うことで、とてつもない力を発揮する。だったら、これを戦い方の中心にすえて敵を圧倒しよう、といった考え方です。

## ▼アウトサイド・インとインサイド・アウト

つまり、ポジショニング論とは、外（外部環境：業界、市場、競合など）を見ることから自分たちの振る舞いを考えます。対するケイパビリティ論は、内（内部環境：組織、業務プロセス、風土など）を見ることから外との関わりを考えます。

いわゆる、アウトサイド・インとインサイド・アウトの違いです。そのため、前者は定量的、後者は定性的な分析になる傾向があります。

２つの考え方は、どちらか片方が正しいわけではありません。

成熟・安定した市場ではポジショニング論が有効であり、発展が著しい市場ではケイパビリティ論が役に立ちます。時と場合によって使い分けたり、上手に組み合わせたりするのがよい、というのが今の戦略に対する基本的な考え方です（どちらが重要か、という論争はありますが）。

面白いのは、２つの考えが、私たちがよく使う物事の見方を表していることです。ポジショニング論は、競争環境において相対的に優位に立つことを目指すために、まず外を見るわけです。逆に、戦いにおける絶対的な優位性を築こうと、内を見つめるのがケイパビリティ論です。

物事を「相対」的に見るか、「絶対」的に見るか視点の違いが根本にあるのです。これが**相対／絶対**のメタフレームです。

## ▼他人が気になる人、マイペースな人

たとえば、皆さんは他人の評価や意見が気になるほうですか。人がやっていることと見比べて、自分の行動を調整したりしますか。他人と比較して、「自分のほうが……」と自信を持ったり、「なぜ自分は……」と落ち込んだりしますか。いずれも、相対のフレームが強い人の特徴です。

反対に、絶対のフレームが強い人は、あまり周りのことが気になりません。人がどう言おうが「我関せず」とばかり、マイペースで事を進めることが多くなります。絶対的な基準が自分の中にあり、それに従って行動や判断を進めていきます。

時間に関しても、自分の中にある相対時間（インタイム）で動いている人もいれば、世の中の絶対時間（スルータイム）に合わせる人もいます。どこかに行くのも、「お店の角を左に曲がって次の交差点を右に」と相対的な位置で把握するか、地図を見ながら絶対座標で動くか、人によって違います。

人事評価や学校の成績にしても、全体の中での位置を示す相対評価と、どれくらい達成できたかを測る絶対評価の2通りがあります。それぞれ一長一短があり、どちらをとるかで育成や教育の方針が大きく変わってきます。

会社の目標も「業界ナンバーワン！」「10年連続増収増益」といった相対的な目標を掲げるところもあれば、「1兆円企業を目指す」「1000店舗展開する」と絶対値を目標にしているところもあります。目指す社会の姿にしても、相対的な所得格差を減らすのがよいのか、絶対的な貧しさをなくすのがよいのか、議論が分かれるところです。

学問の世界でも、意味は相互の関係の中で相対的に生まれてくるとする「構築主義」

と、物事の絶対的な意味を掘り下げる「本質主義」との対立があります。相対と絶対はいろいろなところでぶつかり合っているのです。

## ▼「相対」と「絶対」のよい循環をつくり出す

話を戻すと、熾烈な競争を勝ち抜き、環境変化に即応するためにはポジショニング論、つまり相対的に優位な位置取りをすることが欠かせません。

ところが、そればかりやっていると、戦いを優位に展開し、勝ち残ることが目的化してしまいます。そもそも何のために事業を続けているのかが置き去りになってしまいます。

それに、相対的な戦いをしていると、いずれプレイヤーの数が減るまで消耗戦に突入してしまいます。まさに血で血を洗うレッドオーシャンの中で戦い続けなければならず、企業も人も疲弊してしまいます。

となると、相対的に戦いを繰り広げつつも、誰も真似できない絶対的な優位性を築くことにエネルギーを注ぐことが大切になります。相対的な優位性を考えつつ、その果てにある絶対的な価値を築き、ブルーオーシャンを見つけ出すことを狙うのです。

そうやっているうちに、絶対的な優位性ができれば、戦いは非常に有利に展開します。

ここぞとばかり一気呵成《いっきかせい》に攻めていかなければなりません。

## ▼変われないことがリスクになる

だからといって油断は大敵。今の状態がずっと続くと思い込み、手前勝手な戦いばかりして慢心していると、環境変化を見落として時代遅れになる羽目になります。

調子よくいきだすと、どうしても勝ちパターンに執着してしまい、新たな革新を起こすことを怠ってしまいがちになります。コア・ケイパビリティ（中核的な活用能力）だと思っていたのが、いつの間にかコア・リジディティ（中核的な硬直性）になってしまった、というのがよくある失敗の一つです。

これこそC・クリステンセンが述べた「イノベーションのジレンマ」です。液晶事業の雄だったシャープの苦境はまさにこのパターンではないでしょうか。

いつ何時、新たなライバルが新しい武器を掲げて、土俵を反転させてしまうかもしれません。アサヒのスーパードライやサントリーのプレミアムモルツといったビール戦争はこの構図です。

絶対を考えつつも、相対を視野に入れておかないと、あっという間にひっくり返されてしまいます。競争優位を維持する企業は、わずか2～5％しかないという調査結果がそれを物語っています。

戦略とは、環境との関わりの中で考えるものです。自らが置かれた状況、すなわちコンテクスト（文脈）に依存しているわけであり、環境は常に変化しています。

ブルーオーシャンはいつか必ずレッドオーシャンになり、新たなオーシャンに移らないといけません。競争とは、一つの絶対的な優位性で勝ち続けるのではなく、次から次へと優位性を切り替えてつないでいくものだ、というのが今の経営学の考え方です。

そのことをしっかり頭に入れた上で、臨機応変に相対と絶対を切り替えたり、上手く融合していったりしなければなりません。同じフレームワークを同じように使い続けることが大きなリスクになる可能性があるのです。

# 2-3 ＳＷＯＴを本当に使いこなせるか？

## ▼大胆な戦略の見直しをするはずが……

戦略の分野はセオリー化が進んでいる、という話をしました。だったら、フレームワークを駆使して合理的に考えれば、優れた戦略を必ず導けるのでしょうか。

もちろんそんなことはあるはずはなく、使い方を工夫しないと斬新な戦略は生まれてきません。一つの失敗事例を紹介しましょう。

ある企業で、各部門の精鋭を集めて、経営戦略の大胆な見直しを行うことになりました。５年前に策定した中期戦略があるものの、ライバルに水をあけられるばかりで、再度検討し直すことになったのです。

第１回目の会合で議論のフレームとして選ばれたのがＳＷＯＴです。５年も経つと環境も変化してしまい、もう一度初心に返って今の状況を見つめ直そうというのです。

図2-2　SWOT

はじめに、自社の強みと弱みを挙げ、ホワイトボードに列挙していきます。高い品質、ブランド力、全世界の販売網といった強みや、研究開発力の低下、コスト対応力不足、年功序列の人事制度などの弱みが出てきました。以前から言われ続けてきたことばかりで、特に異論は出ず作業は順調に進んでいきます。

次に、機会と脅威です。これも、グローバル化、人口減少社会、デフレ脱却、中国やインドの台頭、脱原発などたくさんの項目が挙がりました。特に目新しいものはなく、1時間半ほどかけて立派なＳＷＯＴができあがりました。一旦休憩した後、いよいよ戦略の検討に入ります。

### ▼手間がかかる割には結果が陳腐に

ところが、この段になると議論が盛り上がらないのです。

認識が共有できたのはよかったのですが、みんなの頭の中にあるものを網羅的に整理しただけ。新味が感じられず、ＳＷＯＴの表を見ても新たなアイデアがわいてきません。

一応、セオリー通りに、強み×機会、強み×脅威、弱み×機会、弱み×脅威と、片っ端から無理やり組み合わせて考えてみました（クロスＳＷＯＴ）。それでも、出てきたものは、今やっていることと大して代わりばえしません。

ありきたりなのが悪いわけではありませんが、本当に勝ち筋と言えるのか一抹の不安を感じます。大胆な見直しを掲げた手前、「できれば、斬新な戦略を提案したい」と考えるのはみんな同じです。

結局、別のフレームワークを使って再検討することにして、この日の会合は幕を閉じたのでした。果たして、フレームワークを変えただけで思うような結果が得られるのか、不安に感じるメンバーたちでした。

# 2-4 フレームワークは分析ツールに過ぎない

## ▼方程式は代入する値で結論が変わる

ＳＷＯＴに限らず、戦略フレームワークは、データをインプットすればたちどころに目の覚めるような戦略が生まれてくる玉手箱ではありません。あくまでも経営に関わる要素をロジカルに分析するツールに過ぎません。

数学にたとえて言えば、フレームワークはいわば成功のための方程式です。しかも、膨大な企業の成功や失敗のデータを元につくられた標準的（平均的）な公式です。

それがどんな答えを導くかは、どんな値を代入するかで大きく違ってきます。いい加減な値を入れたのでは、どんな優れたフレームワークでもとんでもない答えを出してしまいます。これもよくある失敗の一つです。合理的な思考ができない人がフレームワークを使うと、合理性とはほど遠い結論になってしまいます。

SWOTで言えば、事実を正しく把握せず、憶測や希望的観測を元に強みや弱みを考えてしまう。客観的なデータを使って検証せず、マスメディアなどで流れている情報を鵜呑《うの》みにして、機会や脅威だと思ってしまう。そんなことをしたのでは、とんでもない結論になるのは当然です。

当たり前過ぎて、どの本にも書かれていませんが、論理思考と定量分析はフレームワークを使う上での大前提です。事実を正確に反映させ、定量的なデータに裏打ちされた仮説を入れたときに、フレームワークは合理的な結論を出してくれます。それが「ありきたりだ」と言われれば、そうかもしれません。

だからといって、ありきたりの戦略をつくることが間違いではありません。

ひとまず「定石を押さえる」というのは、ゲームだろうがスポーツだろうが必要なことです。合理的でないやり方で攻めるよりは、はるかにマシです。少なくとも正攻法が何かは知っておく必要があります。

## ▼正攻法を超える奇策を見つけ出すには

とはいえ、「正攻法で勝てれば苦労しない」と考える気持ちも分かります。

こちらがどんなに上手くやっていても、ライバルがそれを上回ったのでは意味がありません。時には奇襲作戦やゲリラ戦が必要となり、正攻法を超える知恵が求められます。どこかで思い切った賭けに出ないとジリ貧になる恐れがあります。そういうときに、フレームワークは役に立たないのでしょうか。

もちろん、そんなことはありません。公式であるフレームワークに奇抜な値をインプットすればよいのです。ニュートラルな値を入れるからありきたりの結果になるのであって、斬新な値を入れれば結論もユニークなものになります。

といっても、事実を捻《ね》じ曲げたのでは合理的な答えは出てきません。事実に対する認識を変えるのです。メタフレームで言えば、絶対的な視点を相対的な視点にスイッチするわけです。

たとえば、年間特許出願件数ランキングで、「ライバルは8位で、わが社は20位だ」というのは客観的なデータです。事実であり、今さら変えようがありません。

しかしながら、そこから「研究開発力が弱い」と考えるのは自分たちの認知です。特許だけで研究開発力が測れるわけではありません。ライバルから見て順位は低くても、もっと下の企業から見ると十分高いとも言えます。研究分野を限れば強みがあるかもしれません。見方次第で強みとも弱みとも解釈できるわけです。

## ▼ピンチをチャンスに変える逆転の発想

しかも、研究開発力が高いことが、いついかなる場合も強みとは限りません。

確かに、一般的には高い研究開発力があったほうがビジネスはやりやすくなります。ところが、研究開発に自信を持つあまり、技術開発競争に血道を上げて、顧客が望む商品を出すことが疎かになる、ということもあります。

典型的な事例が、家庭用ゲーム機を巡る戦いです。技術力に勝るソニーは、ゲーム機のスペックを上げることが戦いに勝つ鍵と考え、次々とハイスペックの商品を投入してきました。反面、開発投資がかさみ、ソフトをつくる側にも多大な負担を強いるものでした。

それに対して、技術力で劣る任天堂が、まったく新しいコンセプトで戦いを挑んだのがWiiです。

ゲーム好きの子どもたちの悩みは、「またゲームをやっているの！」「いい加減にゲームを止めなさい！」と母親に怒られることでした。だったら、「母親に怒られないゲーム機」をつくればよいと考え、「家族が一緒に楽しめるゲーム機」をつくったのです。その結果は、皆さんが知っている通りです。

機会や脅威に関しても同じです。一般的に機会や脅威と思われることが、必ずしもいつもそうだとは限りません。環境をどうとらえるかで変わってきます。

たとえば、徳川家康が当時の権力者・豊臣秀吉によって江戸に左遷されたのは、一般的に考えれば脅威です。ところが、家康はそれを機会ととらえて力を蓄え、最終的には豊臣家を滅ぼすことに成功しました。そんな事例がたくさんあるのです。

## 2-5 時には定石を超えた知恵が要る

### ▼本当にそれは強みなのか？

何が強み（機会）で何が弱み（脅威）かは、一義的に決まっているわけではありません。

一般的な見方はあっても、強みと思うか弱みと思うかは、最終的に自分たちが決めることです。そこに新しい戦略を生み出す鍵があります。

従来から強みとされてきたことを強みとしたのでは、新しい発想は生まれづらくなります。あえて、強みとされてきたことを弱みと見たり、逆に一般的には弱みだとされていることを強みに挙げてみたり。そうやって、常識破りのモノの見方をしたときに、斬新な発想が生まれてきます。

その強みが弱みになったらどうなるのか、弱みを強みに転じてチャンスをものにできないだろうか。もし、この脅威を乗り切るとしたら、どんな強みがあればよいのか……。

ＳＷＯＴの中で着目する要素を選び出し、その位置づけを流動的にとらえ、思考にゆさぶりをかけるからこそ新たな発想が生まれてくるのです。自分たちが持つ当たり前の考えを疑い、新たな強みや機会を創造してこそ意味があります。

要するに、誰が見ても異論が出ない平凡なＳＷＯＴをつくったのでは、斬新な戦略は生まれてきません。それを見ながら議論を巻き起こし、新たな視点でＳＷＯＴをつくり直すこと。それこそが戦略づくりです。

新たな戦略は新たな発想から生まれてきます。それは自分たちのモノの見方、すなわち認知を転換することに他なりません。起死回生の戦略というのは、多くの場合〝逆転の発想〟から生まれてきます。戦いの土俵そのものをひっくり返してしまう荒業《あらわざ》が求められているのです。

### ▼当たり前を愚直にやり続けるしかない

これはすべてのフレームワークに言える話です。

よく「フレームワークは手間がかかる割には結論が陳腐だ」と批判する人がいます。半分は正しいです。合理的な答えとは至極当たり前の答えだからです。当たり前のことを当たり前にやらないから上手くいかないのです。

どれだけ当たり前のことを愚直にやり続けるか。その〝徹底度合〟が彼我の差となって現れます。一流企業ほど、またプロフェッショナルほど、「これでもか！」というくらいに徹底してやり通すものです。安易に奇策に走る前に、本当にとことんやっているのか自問自答してみましょう。

とはいえ、「結論が陳腐だ」と批判するのは、半分は間違いです。そもそも、物事の原理原則を示すフレームワークは、陳腐とまでは言わなくても月並みなものです。結論が陳腐だとしたら、使い方が陳腐なのです。

ユニークな使い方をすれば、ユニークな結論が出てきます。経営に関わるたくさんの要素の中から、成功の公式であるフレームワークにどんな値をインプットするか、それが答えの斬新さを決めているのです。

## ▼掟破りを実現するプロセスこそが戦略

その場合にもう一つ忘れてはならないことがあります。

斬新さだけでは単なる思いつきになりかねません。それを実現してこそ戦略です。たとえば、「家族が一緒に楽しめるゲーム機」を思いついたとしても、どうやって実現するのかのアイデアがなければ絵に描いた餅です。斬新な戦略を具現化する知恵がないと、結論として使えません。

SWOTで言えば、弱み（脅威）を強み（機会）に変えていくプロセスを立案すること。それこそが戦略づくりの勘所です。具現化する道筋を考えることが、戦略を考えることに他なりません。

残念ながらそのやり方を教えてくれるフレームワークはありません。常識にとらわれず柔軟に発想する、としか言いようがありません。強いて使うとしたら、問題解決、中でもアイデア発想のフレームワークです。

もちろん、いつも奇策に打って出る必要はありません。起死回生の逆転劇の裏にある膨大な屍の山を忘れると手痛い目に遭います。成功確率だけで言えば、リスクの高い奇策を取るよりも、正攻法で戦うほうが得策です。

最終的に、正攻法でいくのか、奇策に走るのか、どちらがよいかを判断するのは私たち人間です。フレームワークを使って戦略の評価はできても、決定はできません。

フレームワークはあくまでも分析のツールであり、そこからどんな結論を導くかは私たちにかかっています。まさに、「何を変えて、何を変えないのか」を見極める知恵が問われているのです。

# 第3章

# 「4P」をバッチリそろえたのにダメなの!?

# 3-1 「マーケティング」フレームワークとは

## ▼顧客を創造する一連の活動

マーケティングはとても幅広い概念の言葉です。そのために、人によってイメージするものがまちまちです。

ある人は、商品開発に先だって実施する市場調査をマーケティングと呼びます。またある人は、広告・宣伝活動がマーケティングだと思っています。マーケティング課という名の部署で働く人の仕事が、需要（販売計画）と供給（生産計画）の調整である会社もあります。

一言で言うと、マーケティングとは「顧客を創造する一連の活動」です。

市場（マーケット）ではなく顧客としたのは、医療機関や政治団体といった非営利の分野でもマーケティングはあるからです。もっと言えば、婚活や就活で自分をアピールするのも、日本という国のブランド価値を上げるのもマーケティングです。現代社会は、もはやマーケティングなしには成り立たない、といっても言い過ぎではないでしょう。

ビジネスにおいて、マーケティングは戦略立案と両輪をなす重要な機能です。

顧客や市場が成熟化すればするほどその役割は重要になってきます。販売や営業が「売る」ための活動であるのに対して、「売れる仕掛けをつくる」のがマーケティングだからです。

そのため、数多くの手法やツールが提案されており、今なお新しいものが次々と生まれています。書店に行けば○○マーケティングといったタイトルの本があふれています。市場や顧客の姿はもちろん、ITの発達やグローバル化により、コミュニケーションの手段や人々が求める価値が激しい勢いで変化しているからです。

本書では、ある程度市場の評価にさらされ、定番となった「マーケティングフレームワーク」を中心に話を進めていくことにします。分かりやすくするために、最寄り品（生活雑貨）や買回り品（耐久消費財や趣味品）のマーケティングをイメージしながら。

## ▼ヒットを生み出す仕掛けづくりに

市場を細分化（セグメンテーション）して、狙う領域を決め（ターゲティング）、自社の優位な位置取り（ポジショニング）をするＳＴＰがこの分野の定番中の定番です。それを、マーケティング・ミックスと呼ばれる、Ｅ・マッカーシーの４Ｐ（製品：Product、価格：Price、流通：Place、販促：Promotion）に展開して、売れる仕組みをつくっていきます。

４Ｐを顧客の側から見ると、Ｒ・ラウターボーンの４Ｃ（顧客の価値：Customer value、顧客のコスト：Customer cost、利便性：Convenience、コミュニケーション：Communication）やＪ・シェスらによる４Ａ（知名理解度：Awareness、受容可能性：Acceptability、購買可能性：Affordability、接近可能性：Accessibility）になります。**シーズ志向**／**ニーズ志向**、**プロダクトアウト**／**マーケットイン**のどちらで見るかで、モノの見方が変わってくるわけです。

市場に投入された製品は、Ｒ・バーノンの**製品ライフサイクル**（導入期、成長期、成熟期、衰退期）を経て、次の商品に座を明け渡します。栄枯盛衰に伴いユーザーも移り変わります。それを指摘したのがE・ロジャーズのイノベーター理論（革新者、初期採用者、前期追随者、後期追随者、遅滞者）です。

マーケティング活動を行う際にも集中と選択は大切です。その助けになるのが、上位20%が全体の80%を占めるというパレートの法則です。優良顧客を選び出すのにRFM分析（最新購買日：Recency、購買頻度：Frequency、累積購買額：Monetary）も役に立ちます。

一方、顧客は広告宣伝に触れてから一定のプロセスを経て購買に至ると言われています。それをS・ホールはAIDMA（注目：Attention、興味：Interest、欲求：Desire、記憶：Memory、行動：Action）と名づけました。同様なものに、ネット環境の普及に合わせて電通が考案したAISASなど、バリエーションがたくさんあります。

いずれの場合でも、ニーズ／ウォンツ／デマンド、購買の4要因（文化的、社会的、個人的、心理的）のどこに働きかければよいかの見極めが大切となります。最終的にはD・アーカーのブランド・エクイティ（ブランド認知、知覚品質、ブランドロイヤリティ、ブランド連想、その他の知的資産）が培われていくことを狙います。

# 3-2 合理的なプランなのに上手くいかない

## ▼これならソコソコいけるはずだ

マーケティングフレームワークは、顧客やブランドといった、とらえどころがなくて意のままにならないものを対象にします。そこに落とし穴が潜んでいます。よくある失敗事例を一つ紹介しましょう。

老舗の中堅食品メーカーで商品企画を担当するDさん。ようやく独り立ちして、はじめて秋の新製品の企画を任されるようになりました。

Dさんの会社では、若者向けのお菓子でヒットを飛ばしてきました。ところが、ライバルが類似の商品を展開し始め、販売力で押され気味です。

新たなターゲットが開拓できないかと考えたDさん、大規模なユーザー調査をしたところ、シニア層が「若者向けのお菓子に満足していない」という結果をつかみました。60代

図3-1　STP

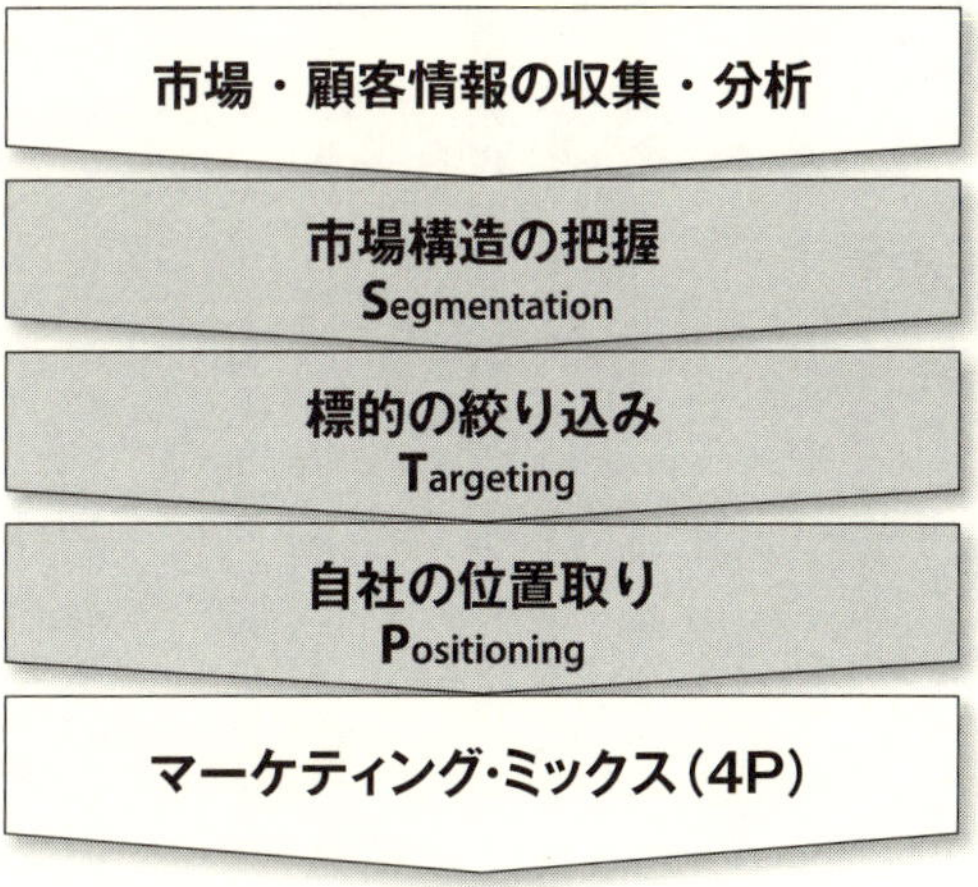


以上のシニア層に狙いを定め、健康に配慮しつつ高級感を出して差別化を図ろう。それが、彼女が考えたポジショニングでした。

大まかな商品の方向性について上司のＯＫをもらったＤさん、張り切って各部署と連携しながらマーケティング・ミックスを検討していきます。ＳＴＰから４Ｐにつないでいく、マーケティングフレームワークの教科書的な使い方です。

開発部門では、新しいコンセプトを受け、シニア層に受ける味と効能を提案してくれました。ユーザー調査の反応もまずまずです。あわせて、製造ラインを見直すことでコストアップを最小限に抑え、ターゲットが手を伸ばすには十分な価格に設定しました。

販売促進課では、高級感を打ち出したパッケージやネーミングを考え、店頭での試食キャンペーンも展開する予定です。従来のスーパーマーケットのチャネルに加え、新たに大手コンビニチェーンにも食い込むべく動いてくれます。いずれも、はじめての商品にしては悪くないできばえです。

そうやって、企画提案に必要な項目をそつなく埋めることができたDさん。「ソコソコいけるかも?」と期待を持って商品化会議に提案をする運びとなりました。

### ▼思いがけない事態に思考停止

ところが、会議での部長たちの反応は予想外に芳しくありませんでした。「なんかグッと来ないよね」「本当にシニア層に響くのかい?」「結局、何をやりたいの?」というネガティブな意見が続出。正面切って反対というわけではないものの、あまり乗り気ではないようです。

その度に、フレームワークを使った分析を駆使して、成功する理由を合理的に説明していきます。一応、頷いてくれるものの、「それは分かるんだけど……」と完全に納得した顔になりません。

結局、最後に本部長から「まあ、商品も価格も悪くないとは思うんだが、みんな不安もあるようだし、もう少し時間をかけて練り上げてみてはどうか?」と発言があり、差し戻しになってしまいました。

そう言われても、何が足りなかったのか、どこをどう直せというのか……。想定外の結果に、Dさんは途方に暮れるしかありませんでした。

# 3-3　分析だけではマーケティングにならない

## ▼木を見て森を見ずになっていないか?

一つの商品を企画して世に出すには、いろいろな要素を組み合わせていく必要があります。セグメンテーション、ターゲティング、ポジショニングの歯車をかみ合わせることはもちろん、マーケティング・ミックスの４つの要素を高いレベルで実現していかなければなりません。

商品に魅力があり、価格も安く、チャネルに合って、販促活動もユニーク。そんなマーケティングを追求するのがマーケッターの仕事です。

その点では、Dさんはソコソコ及第点を取っているように見えます。では、一体、何が足りなかったのでしょうか。

フレームワークの大半は、分析の道具として考え出されたものです。「分」は分ける、「析」は割《さ》くという意味です。複雑なものを分解して考えやすくするのが分析です。「顧客を創造する」というとらえどころのない活動を、細かく分けて考えやすくして、一つひとつ積み上げていくためにマーケティングフレームワークがあります。

そうすると、私たちは分解された個々の要素を追求することに夢中になります。少なからず全体像を見失って、部分にだけ意識が集中するようになります。

しかも、部分同士がコンフリクトを起こして、「あちらを立てればこちらが立たず」となるのが常です。多くの場合、商品の質を上げると価格が上がるといった、相反する関係があるからです。

そのため、商品の魅力を上げるためにコストを積み増すか、狙った価格にするためにあえて魅力を少し下げるか、といった判断が求められます。

加えて、企業のマーケティング活動では、各部分を受け持つ部署が違い、話がさらにややこしくなります。部分の対立が組織の対立に発展して、調整が大仕事となります。ますます、部分の辻褄を合わせることに気をとられてしまうのです。

いわゆる「木を見て森を見ず」です。マーケティングに限らず、あらゆるフレームワークで陥りやすい罠《わな》です。

時には、森を見ないと何をしているのか分からなくなります。それが、分析の逆、総合（綜合）です。分けられたことをまとめる作業です。

単純に部分を足し合わせたからといって、全体になるわけではありません。それぞれが有機的につながってこそ、そもそもの狙いが達成できます。

部分同士のジレンマを突破しつつ、全体でエッジの効いた商品をつくり上げる。部分と全体の相克を乗り越えていくか、上手くまとめるための総合の技が必要となります。どんなフレームワークを使うときにも考えなければいけない問題です。

## ▼経営の本質は〝総合〟にある

全体を部分に分けるのが分析であり、部分から全体を組み上げるのが総合です。**分析／総合**のメタフレームであり、**部分／全体**、**具体／抽象**と言い換えることもできます。

たとえば、ある商品の特徴を把握しようとしたときに、良い点と悪い点を列挙していくのが分かりやすいです。味やデザインといった属性に分けて説明するのでもOKです。いずれも分析作業であり、それほど難しくないはずです。

ところが、その後で「つまり、この商品は何なの?」「それを一言で表すと?」「他の何かにたとえると何?」と言われると、多くの方は答えに窮してしまいます。分析結果が言わんとしているメッセージを自分で立ち上げていくしかなく、こうやれば必ず総合できるという方法論がないからです。

分析も総合も共に重要な思考法であり、両者を行ったり来たりしてこそ、物事を深く検討することができます。

哲学で用いる「ソクラテスの対話法」がまさにそうです。具体的な事例と一般的な原理をつき合わせて考えを深めていきます。木と森の両方を見ることが、思考を深める効果的な手段であることは今も昔も変わりません。

残念ながらフレームワークやその元になる経営学は分析のためのものです。総合に関してほとんど手当てされていません。自分の頭でやるしかなく、経験と鍛錬がものを言います。

物事の本質を洞察したり、部分同士の関係性を見抜いたり、物事を抽象的にとらえる能力が求められます。事ある度に「So what?」（そこから何が言えるのか？）を自分に問いかけ、普段から抽象化能力を高めていくしかありません。

しかも、経営の本質は総合にあります。内部や外部のさまざまな情報を集め、全部を総合して決断を下すのが経営だからです。時にはトレードオフや矛盾を乗り越えねばならず、いくら分析ができても総合ができなければ経営はできません。フレームワークを駆使して分析をした後に、最終的にどうまとめるかが問われているわけです。

## ▼私たちは顧客に何を届けたいのか？

では、マーケティングにおける総合や全体とは何でしょうか。それは、活動を通じて「どんな意味を顧客に提供するか？」です。

残念ながら、優れた性能を持ち、使い勝手がよく、デザインも格好よくてネーミングもバッチリというのは、売れるための必要条件に過ぎません。大切なのは、それらを組み合わせて「素晴らしい」「面白い」「有難い」と思ってもらえるだけの価値が提供できるか、です。

Dさんが企画した商品は「顧客に何を届けようとしているのか?」が、少なくとも会議の出席メンバーには響かなかった。それが差し戻しになった一番の原因ではないでしょうか。

そう言うと「え、シニア向けのお菓子じゃないの?」と思われる方がいらっしゃるかもしれません。だとしたら、それを通じてどんな経験価値（カスタマー・エクスペリエンス）を顧客に提供しようとしているのでしょうか。疲れたときに一息つく時間でしょうか。それとも夫婦の語らいの場でしょうか。仮に一息つくことだとしたら、その目的は気分転換でしょうか、それとも自分を振り返ることでしょうか。

「シニア向けのお菓子が欲しいと言っているから、お菓子をつくった」ではマーケティングになりません。その心の底を読んで、本当に求めているもの、すなわち新たな生活体験やライフスタイルを提供することこそがマーケティングです。顧客への「創造的適応」

（石井淳蔵）を忘れて、STPだの4Pだの言っても意味がないのです。

## 3-4 インサイト＝洞察を見つけ出そう！

### ▼総合に使えるフレームワークがある

「木を見て森を見ず」にならないために一番大切なのは、物事の本質を見失わないことです。

マーケティングで言えば、どんな潜在的なニーズやウォンツがあるのか、顧客はどんな問題を解決したいと望んでいるのか。そこをしっかりと押さえることがすべてを考える起点になります。

幸いなことに、数が少ないとはいえ、そういう場合に使えるフレームワークがあります。総合を目的にした問題解決フレームワークです。

図3-2　バリューグラフ

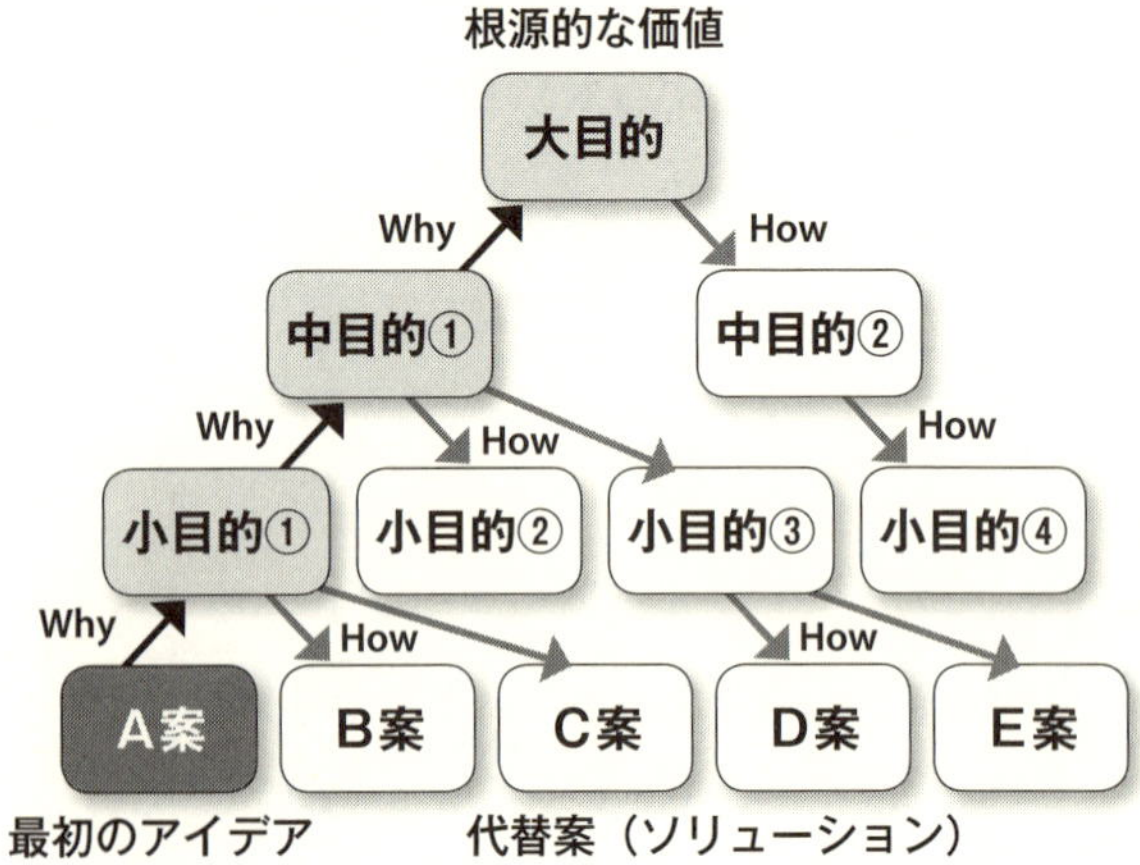


一つは、ワークショップでお馴染みの**親和図法**です。川喜田二郎のKJ法のエッセンスを取り出して、簡単に利用できるようにしたものです。

顧客や市場から集めた断片的な情報をカードに書き出して、親和性（類似度）を使って統合していきながら、総体として情報の塊が言わんとしていることを考えるツールです。具体的な情報から抽象的な意味を導き出すときに力強い味方になってくれます。

もう一つは、目的と手段の連鎖を明らかにする**バリューグラフ**です。価値工学（バリューエンジニアリング）の研究の中で生み出されたフレームワークです。

たとえば、企画したい商品がお菓子だとし

たら、それは何のためにあるのかを考えます。目的が甘いものを摂ることだとしたら、何のためにそうするのか、さらに上位の目的を考え出します。そうやって、いろいろなレベルで商品の目的をとらえ、どんな手段で達成できるか、最適な価値の提供方法を考えるのです。

いずれの場合も大切なのは、個々の情報やデータにとらわれずに、その裏にある人間や心理に焦点を当てることです。綺麗に情報を整理することが目的ではなく、やりながら「これだ!」とひらめくことが大切です。言い換えると、「インサイト」（洞察）を見つけ出すためのツールなのです。

その点では、今注目を浴びているエスノグラフィー（民族誌）の手法を活用した行動観察調査も同じです。顧客と行動を共にして、どんなときに何をしているのか、その理由は何なのかをつぶさに観察していきます。そうすることで顧客の気持ちになれるからこそ、思わぬひらめきが生まれてきます。

### ▼左脳と右脳を巧みに使い分ける

インサイトは、大量の情報を緻密《ちみつ》に分析したからといって、必ず生まれるものではありません。

「WEBアンケートによると60代の75%が若者向けのお菓子に満足していないと回答している」といったデータよりも、お菓子のヘビーユーザーと話し込んでいるときの知覚にインサイトのヒントがあります。

大量にデータを集めて見つけた平均像や代表的な顧客（ペルソナ）ではなく、印象に残った特定の個人の振る舞いやマニアックな人が、インサイトを触発してくれます。平均からはずれた、例外、特異例、掟破《おきて》り、極端な人といったエクストリームユーザーやリードユーザーに注目するのです。

しかも、顧客を「○○だから△△なんだ」と頭で理解するのではなく、「とにかく□□は嫌だよね」と心で共感することが肝要です。それには、自分で同じ経験をするのが一番。あとはマーケッターの感度とセンス次第です。

確かに人を説得するには客観的な検証が必要です。しかしながら、仮説をひらめかせるのは主観的な直観です。洞察したものを分析し、その分析からまた新たな洞察を生み出していく。分析と洞察のよい循環をつくることが、本質を見つけ出すのには欠かせません。

いわば、前者が守りなら後者は攻め。両者がそろわないとよいマーケティングはできません。

一般的に、分析は左脳、統合や洞察は右脳を使うと言われています。フレームワークが好きな方は、どちらかと言えば前者の思考が強く、後者は苦手です。

戦略やマネジメントを考える際はそれでもよいのかもしれませんが、マーケティングや問題解決では大切なことを見失う恐れがあります。両方がバランスよくスイッチできるようになることで、フレームワークの使い手としてさらに磨きがかかることでしょう。

## 3-5 サプライズがなければ心は動かない

### ▼ヒットの法則を書いた本が売れない？

分析／総合の話を、少し違った角度から考えてみましょう。

以前に、ある講演会で「こうしたら売れるというフレームワークはありませんか？」と質問を受けて面喰らったことがあります。

気持ちは分かります。現代は「何が売れるか分からない」時代です。フレームワークを正しく使ったからといって売れる保証はなく、使わなくても大ヒットするケースもあります。

世の中には「こうしたから売れた」という成功物語があふれています。そういったものをかき集めれば、今の時代に合った「ヒットの法則」が導けそうにも思えます。

しかしながら、マーケットは常に動いており、お客の心も気まぐれです。昨日の成功法則が明日には通用しないのが、マーケティングの難しいところです。過去の成功にとらわれていると、足元をすくわれてしまいかねません。

おそらく、フレームワークというカタチで一般化するのが難しい分野の一つがマーケティングだと思います。フレームワークと言いながら、マーケティングを考える上での視点を与えてくれるものだと思っていたほうが無難かもしれません。

その証拠に、多種多様なフレームワークが提案されていますが、時代の荒波を耐え抜いた定番ものは案外少ないです。多くは持論（マイ・セオリー）の域を出ておらず、一般論（アワ・セオリー）として使える法則や原理は限られています。

そのため、「こうすれば必ず売れる！」とヒットの法則を説く本が全然売れないという、笑うに笑えないことが起こります。それほど、マーケティングは合理的なセオリーとして一般化しにくいのです。

## ▼タイトルを見ただけで即決できる理由

中でも、Dさんの会社のような嗜好品を扱っているところは大変です。人は合理的な判断でモノを買うとは限らず、直観や感性で決めることが多いからです。

たとえば、皆さんは本書をどこで買われましたか。書店で偶然に見つけて購入した方、見つけてからどれくらいの時間で購入を決定されたでしょうか。

多くの方は、表紙（タイトル・著者）や帯を見て、パラパラと一通りめくり、目次や前書きの頭くらいを眺め、「よし買おう」と決めたのではないでしょうか。短くて5秒、長くても30秒くらいだと思います。ネットで買われた方も大差ないはずです。

そんなやり方でも失敗しないからこそ、そうしているのです。人間の直観は恐ろしく、これくらいでもおおよそ中身が判別できてしまいます。パラパラとめくっただけで、「面白そう」「役に立つかも」と判断できるのです。人間の脳の素晴らしいところです。

つまり、いくらフレームワークを駆使して合理的にマーケティングしたところで、顧客はロジックを吟味して購入するわけではありません。直観的に買うか買わないかを決めているわけです（だから、書籍で一番重要なのはタイトルと言われています）。

そこに理屈があるような、ないような……。そんな合理性のないものに、合理的にアプローチしようというのがマーケティングフレームワークです。

これが**理性／感性**のメタフレームです。**論理／感情**、**理屈／直観**と言い換えることもできます。

理性的に望ましいことが感性的に望ましいとは限りませんし、感性的に好ましいものが合理的に説明できるわけでもありません。少なくとも、常に両方を見ておかないと足元をすくわれる、ということはビジネス全般に言えます。マーケティングはそれが端的に現れる活動だというわけです。

ちなみに、近年、そういった感性の部分も定量的データで把握して、理性に持ち込もうとする試みが盛んになってきています。行動心理学や脳科学の知見もマーケティングの役に立ちます。今後のさらなる研究が待たれるところです。

## ▼事前合理性がなくて、事後合理性がある

ところが、「何が売れるか分からない」と言いつつも、一旦成功（あるいは失敗）した後なら、いくらでも理由づけできるのが面白いところです。

お菓子の世界で言えば、年商50億円のヒットとなったオフィスグリコがそうです。富山の薬売りよろしく、オフィスに菓子を置いて、食べた分だけ代金を回収するビジネスです。当時の常識からすれば、「仕事中に不謹慎だ！」「男が菓子なんて……」「代金をちゃんと回収できるのか？」となります。

ところが、大ヒットした後は、「ビジネスマンこそリフレッシュを求めている」「外に買いに行くのは面倒」「楽しさを演出したのがえらい」と評価されます。後から思えば、「とても理にかなっていた」とはじめて気づきます。

事前に非合理と思えるものでも、事後であれば合理性が説明できてしまうのです（後知恵バイアスもありますが）。実際、ヒットの法則と呼ばれるものも、大半が後づけで理由を説明したものであり、事前には分からなかった話ばかりです。

つまり、事前に合理性がなくて、事後に合理性がある。それが今求められるマーケティ

ングであり、ビジネス戦略ではないでしょうか。いわゆる、F・コトラーのラテラル・マーケティング（フォーカス、水平移動、連結）です。

Dさんのように、事前に合理性を追求するのはとても大切なことです。しかしながら、それだけではありきたりになり、成熟した顧客の心に刺さりません。こちらに目を向けさせるには、「すごい！」「やった！」というインパクトや、「そこまでやる？」「何これ？」といった驚きが求められます。合理性だけではモノ足りず、意外性（サプライズ）が求められるのです。

時には、合理性を一部断念して、意外性を追求したほうが得策となります。「そこまでやったら損をするだろう」と馬鹿をやったり、「そんなもの買う人がいるの？」とコンセプトを先鋭化させたり。合理的に考えるととても成功しそうに思えないが、何かキラリと光る魅力を感じる。そんな商品だからこそ市場で注目を浴びることができます。

## ▼変化し続けることが生き残る道である

そうなってくると、フレームワークは常識はずれを測る基準として活用する、という手が考えられます。「一般的に考えると○○すべきだが、あえて△△してみる」といったように。創造力と挑戦心が問われているわけです。

そうやって、常識はずれの商品を首尾よくヒットさせられたら、成功の要因の説明がつくはずです。その教訓から新たなフレームワークを導くことも可能です。

だからといって、それをそのまま使うのではなく、さらに次のマーケティングの型破りの基準として活用していく……。そんな再帰的な使い方がフレームワークの上手な活用法なのかもしれません。

「必ず売れる」というフレームワークを求める気持ちは分かります。しかしながら、それが見つかったらみんなが使うようになります。商品やサービスに差異がなくなり、買い手の選択の幅を狭めてしまいます。売り手側も体力勝負の消耗戦になり、共倒れになりかねません。

つまり、「必ず売れる」というフレームワークは、結果的に自分の首を絞めかねないのです。これこそフレームワークのパラドックスです。やはり、変化し続けることしか生き残るすべはないのではないでしょうか。

# 第4章

# 完璧な「ロジックツリー」ができたのになぜ？

# 4-1 「問題解決」フレームワークとは

### ▼問題があればあるほど望ましい？

私たちは毎日たくさんの問題を相手にしています。仕事上の問題、家庭が抱える問題、人間関係で起こる問題、将来の進路の問題……。数え上げればキリがなく、問題解決が人生のかなりの部分を占めています。

では、なぜ私たちはそんなにもたくさんの問題を抱えているのでしょうか。

今、私たちが生きている現実の社会があります。ところが、多くの人は現状に満足せず、「○○すべきだ」「○○になりたい」と目標や理想を掲げます。大抵の人は願望や野心を持っているからです。

そうすると、必ず現実と理想との差が生まれます。これが問題です。問題とは理想と現実のギャップに他ならないのです。「ギャップ・アプローチ」と呼ばれる考え方です。

となると、「困ったこと」だけが問題とはなりません。

たとえば、「お金がなくて、その日食べるのもままならない」という人は、明らかに経済的な問題を抱えています。だからといって、10億円もの資産を持っている人に経済的な問題がないかと言えば、そうとも限りません。「資産を1000億円にしたい」と願っているのなら、そこに大きなお金の問題が発生します。

ネガティブなことだろうがポジティブなことだろうが、ギャップはすべて問題になるのです。

つまり、私たちがこんなにもたくさんの問題を抱えているのは、向上心やチャレンジ精神が備わっているからです。「問題がない」と言っている人は、現状に満足してしまい、少しでも上を目指そうという姿勢に欠けていると言わざるをえません。問題が山ほどあるというのは、見方を変えれば望ましいことなのかもしれません。

## ▼業務改善や創造性開発に役立つ

とはいえ、問題がいつまでも解決できないと困ります。たくさんの問題を抱えているなら、できるだけ効率的に解決したいものです。そんなときに役立つのが「問題解決フレームワーク」です。業務改善や創造性開発などの分野で培われてきたものばかりです。

As is（現実）／To be（理想）は、先ほどの問題解決のフレームをそのまま表すものです。問題を特定した後でギャップを埋めるアクションを考えていきます。その際に、**タイムマシン法**を使ってマイルストーンを設定しておくと、絵に描いた餅にならずに済みます。

思いつきで対策を打っても上手くいきません。まずはどこから問題が生まれるのか、どこに狙い目を定めるのか、問題の構造を分析する必要があります。

**ロジックツリー**は、原因分析（Whyツリー）にも解決策の立案（Howツリー）にも使える便利なフレームワークです。石川馨《かおる》が考案し、改善活動でお馴染みとなった**特性要因図**（フィッシュボーン・チャート）も同じような使い方ができます。

一方、問題の要因が複雑にからみ合っているときは、**連関図**や**ベン図**が重宝します。付箋を使って整理していく**親和図**も、一見バラバラな要素から問題の本質をあぶり出すのに便利なツールです。加えて、2つの軸を使って整理する**ハイ・ロー・マトリクス**を使えば、物事をスッキリ整理することができます。

一方、問題解決の成否はアイデアで決まります。A・オズボーンの**ブレーンストーミング**やT・ブザンの**マインドマップ**といったアイデア出しの手法がたくさんあり、それらと併用して使うとよいのがSCAMPER(代用:Substitute、結合:Combine、応用:Adapt、修正/拡大:Modify/Magnify、転用:Put to other uses、削除/削減:Eliminate/minify、逆転/再編:Reverse/Rearrange)です。他にも、アイデアを生み出す切り口をセットにしたフレームワークとして、G・アルトシュラーのTRIZやECRSなどがあります。

## 4-2 使える道具はたくさんあるほどよい

### ▼4つのカタチを使い分ける

問題解決フレームワークで悩むのは、たくさんあるツールの使い分けです。どれを使ってもそれなりの答えは出ますが、最善の答えを導くには最適なツールを選ぶ必要があります。使い分けのヒントとなるのが問題の構造です。問題にはたくさんの要因が関わってい

図4-1　4つのカタチ

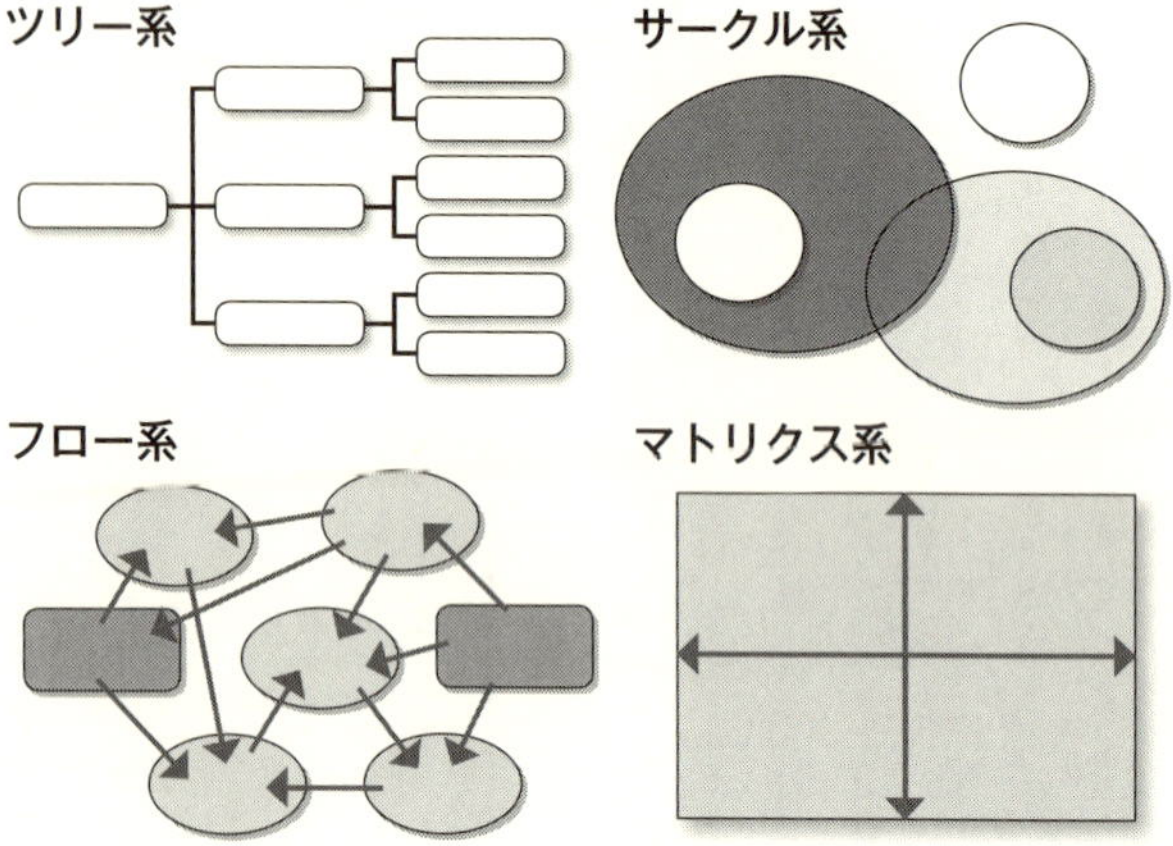


ます。それを上手く整理して構造を見極めることが、問題解決への近道となります。構造とは、「要因同士がどのような関係にあるか？」です。そこに着目すると、大きく4つのフレームワークに分類できます。

（1）ツリー系：要因同士の「主従関係」を表すフレームワーク
**ロジックツリー、特性要因図、マインドマップ**など

（2）フロー系：要因同士の「因果関係」を表すフレームワーク
**連関図、因果ループ図、プロセスマップ**など

（3）サークル系：要因同士の「包含関係」

を表すフレームワーク
ベン図、親和図、同心円チャートなど
(4) マトリクス系：要因同士の「相関関係」を表すフレームワーク
ハイ・ロー・マトリクス、期待・課題マトリクスなど

▼コンサルタント御用達の最強ツール

例として、「若者の離職率を下げること」が解決すべき問題だとして、使い分け方を見ていきましょう。

一つは、原因から解決策のヒントを得るやり方があります。原因を見つけるには、「なぜ？」を何度も繰り返して、本質的な要因を見つけなければいけません。それには、主従関係を調べるロジックツリーが向いています。ロジカルシンキングでお馴染みのツールです。

若者が悪いのか、会社が悪いのか。若者に原因があるとしたら、能力の問題なのか、性格の問題なのか。会社が悪いとしたら、職場の問題か、会社全体の問題か……。こうやって分解していけば、考えられる要因をヌケモレなく挙げることができます。

そうやって列挙したすべての要因に優先順位をつけ、打ち手を考えていきます。本人の問題解決力が不足しているのなら、研修を受けるか、現場で学ぶか。そうやって、もう一度ロジックツリーを使って対策を網羅的に出すこともできます。これが、ツリー系を使った問題解決のやり方です。

## ▼要因同士のつながりにヒントがある

ところが、こうやって問題や対策を細分化して手を打ったとしても、果たして全体最適な答えになるでしょうか。3－3で述べた、部分／全体の話を思い出してください。

若者か会社かのどちらかに原因があるのではなく、両者のマッチング（相性）の問題かもしれません。本人の能力が不足しているからではなく、能力に見合った仕事を与えられなかったせいかもしれません。要因と要因がからみ合っていて、単純に要因を細分化していけば本質が見つかるとは限らないのです。

そんなときは、要因同士の因果関係を調べるのが得策です。連関図のようなフロー系フレームワークが適しています。あるいは、考えられる限りの要因をランダムに列挙して、親和図で整理するという手もあります。

こんな感じで、大まかに○○系を使えばよいという目安はあっても、最終的にどのフレームワークを使うかは経験則です。残念ながら、どのツールを使えばよいかを教えてくれるツールはありません。最適なものが分からない方は「やってみてから考える」とトライ&エラーで経験を積むしかありません。それが上達への近道となります。

# 4-3 仏つくって魂入れず

## ▼どんな悩みもたちどころに解決します

さて、ここからが本題です。果たして問題解決フレームワークを駆使すれば、本当に首尾よく問題が解決するのでしょうか。分かりやすい例を挙げて考えてみましょう。

私の仕事は、人・組織・社会が抱える悩みの解決のお手伝いをすることです。いわば問題解決のプロフェッショナルです。

いろいろな仕事を経験してきましたし、それなりの歳になり人生経験も豊富です。幅広い人脈も持っており、読書量もかなりのものです。どんな悩みもたちどころに解決する自信があります。嘘だと思うなら試しにやってみせましょうか。

読者の中に、なかなか痩《や》せられなくて困っている人はいないでしょうか。そんなのロジックツリーを使えば簡単に解決できます。

体に入るエネルギーのインプットを抑えてアウトプットを増せばよいだけ。まずは、何より食べないことです。それが嫌ならもっと運動することです。嘘だと思ったら、四の五の言わずにやってみてください。

「いや、私の悩みはもっと深いんだ」という方がいるかもしれません。おそらく、①人間関係、②お金、③健康、④将来のどれかのはずです。違いますか。これはベテランの占い師が使うフレームワークです。膨大な経験から培われたものであり、ヌケモレはないと自信を持って言えます。

対策も、ロジカルに考えればこうにしかなりません。①人間関係に悩む方、相手と別れるか、我慢して相手に合わせるかのどちらかです。②お金は、死ぬほど働くか一発事業で当てるか。それが無理なら節約です。合理的に考えるとそうなります。

③健康の話は、よくなる話なら医者に、ならない話ならカウンセラーに相談するのが近道です。④将来の話は、悩む暇があったら、小さなことでもいいから何か行動を起こすべきです。できないなら、さっさと夢を諦めてしまいましょう。
いかがですか。これですべての問題が解決できませんか。

### ▼合理的な解決策が神棚に上がる

もちろん、これは悪い冗談です。これでは問題は少しも解決しません。「やるべきこと」が分かっていても、「できない」「やりたくない」ということがあるからです。

そもそも、問題解決フレームワークの利点は、属人的な要素を排してロジカルに答えが出せるところにあります。

自分たちに都合のよい解決策では、完全に問題を解決できないかもしれません。「できない」「やりたくない」とダダをこねていたのでは、解決できるものもできなくなってしまいます。事実と謙虚に向き合い、論理的に導いた解決策を、辛《つら》くとも、嫌でも、我慢して実行してこそ問題は解決します。

とはいっても、解決策を実行するのは生身の人間です。素晴らしい解決策が見つかっても、まったく手をつけなかったら問題は解決しません。「やったふり」「やっているつもり」では思うような成果は得られません。

問題解決というと、完全な解決策を求めるあまり、どうしても「やるべきこと」を「やらなければいけない」と思ってしまいます。ところが、そのせいでやる気にならなかったり、やるのを諦めたりしたのでは意味がありません。

ロジカルに問題解決をしようとするあまり、誰もやりたくない結論を導いてしまう。これが問題解決フレームワークの落とし穴なのです。

## 4-4 どうやって物事の本質を理解するか？

### ▼すべてのことには訳がある

問題解決フレームワークには隠れた前提があります。「すべてのことには訳《わけ》がある」というものです。

訳とは筋道や道理、すなわち原因、根拠、理由などを指します。この考え方を「原因論」と呼びます。

ただし、筋道といっても、どんな道でもよいわけではありません。10人中9人が「なるほど……」と認める筋道でないと意味がありません。中でも重要なのが因果関係、すなわち原因と結果のつながりです。

私たちは問題を解決しようと思うと、必ず「なぜ？」「どうして？」と原因を探りたくなります。「なぜ、いつまでもその日暮らしなのか？」「なぜ、離職率が上がっているのか？」「なぜ、痩せられないのか？」といった具合に。

これは人間が持つ優れた思考法です。行き当たりばったりで手を打ったのでは、的をはずして根本的な解決につながらない恐れがあります。原因や根拠を考えたほうが、勘と経験と度胸に頼るよりも効率的に問題解決ができます。

これこそが論理思考（ロジカルシンキング）です。

論理とは「思考の筋道」です。それは、「○○だから△△である」と、原因と結果、理由と結論、根拠と主張といった〝因〟と〝果〟の関係で考えることです。そうすれば理にかなった答えが得られます。

### ▼目的の達成に向けて一歩踏み出す

実際には、必ずしもすべてのことに原因や理由があるとは限りません。偶然に起こることもあれば、理由もなく行動してしまうこともあります。それでも「訳がある」と考えたほうが分かりやすくなります。問題解決のための一種の便法だとも言えます。

だったら、別の前提を考えてもよいかもしれません。それで片づくなら悪くないかもしれません。それが「すべてのことには目的がある」と考える「目的論」です。

先ほどのダイエットの話で言えば、痩せられない原因を見つけ出しても、取り除けなかったら意味がありません。だったら、純粋に痩せるという目的に一歩でも近づくことを考えてはいかがでしょうか。

あるいは、痩せることの究極の目的は何でしょうか。「美しくなりたい」というのが本当の目的なら、化粧や整形といった、別の手段でそこに近づけるかもしれません。目的を考えることで、選択肢の幅が広がっていきます。

人生の悩みにしても同じです。職場の人間関係で悩んでいるのは、相手の行動や自分の性格に原因がある場合もありますが、よりよい仕事をしたいと願っているからではありませんか。その目的の達成に役立つことをすれば、悩みは解消できるかもしれません。

これが目的論に立つ問題解決のやり方です。「ポジティブ・アプローチ」（目的思考）と呼びます。原因を見つけて対処するのではなく、どうしたら目的を達成できるかをストレートに考えるのです。「解決志向アプローチ」や「AI」（アプリシエイティブ・インクワイアリー）といった手法はこの考え方がベースになっています。

## ▼やるべきことか、やりたいことか？

原因／目的が本章で覚えたいメタフレームです。特に、人・組織・社会の問題を解決する場面で役に立ちます。

原因論のよいところは、物事の本質を探ることで、付け焼刃の対症療法に陥らず、本質的な解決策を導きやすいことです。根本的な解決ができれば、二度と同じ問題が起こらなくなります。理想的な問題解決を目指そうというのです。

反面、「やるべきこと」「やらねばならぬこと」、英語で言えばShouldやMustを考えるため、必ずしも解決策を実行する気になるとは限りません。しかも、人がからむ問題では、原因追及が責任追及になって、ますますやる気がなくなります。原因を探るには、過去をさかのぼることになり、ムードも暗くなって悲観的になりがちです。

それに対して目的論では、下手な分析をやめて、未来に向けて目的を達成することだけを考えます。「やりたいこと」「できること」、英語で言えばWillやCanを考えるのです。そのほうが、やる気も高まりムードも明るくなります。

完全な解決策を求めて何もしないよりは、一歩でも目的に近づいたほうが得ではないか。そうやって現実的かつ前向きに考え、少しずつ前に進んで行けば、いつかは目的を達成できるかもしれない。そんな風に楽観的に考えるのが目的論です。

## ▼掘り下げ過ぎると意味不明になる

原因論も目的論も前提であって、どちらが正しいということはありません。理性的に解ける問題は前者、やる気や感情がからむ問題は後者、というのがよくある使い分けですが、必ずしもそうとも限りません。

一つの問題を両方のアプローチで解くこともできます。

たとえば、会議によく遅刻してくる常習犯が問題だったとしましょう。原因論に立てば、本人の行動パターンや時間管理のやり方に原因を求めて、スケジュール管理やタイムマネジメントの仕方に改善を加えます。

対する目的論では、注目を浴びたい、権力を誇示したいという真（裏）の目的を見つけ出し、それを別の場面で満たすことで問題行動を減らします。どちらがよいかはやってみないと分からず、効果があるならどちらでも構いません。

いずれの場合も、原因や目的が特定できるかが勝負の分かれ道となります。それで解決策の良し悪しが決まります。

だからといって、原因や目的の探索をやり過ぎないことです。

たとえば、原因を探るのに「なぜを5回繰り返せ」という言葉があります。遅刻の話で言えば、1~2回では本質に迫るにはモノ足りず、10回もやるとDNAや脳内ホルモンの話になり、訳が分からなくなります。5回というのはちょうどよい頃合です。

目的論にしても、目的を探究し過ぎると、生命維持や世界平和といった抽象的な話になって、あまりに解決策が広がってしまいます。どこで止めておくか、問題解決をする人のセンスが問われるところです。

# 4-5 多彩なアプローチを総動員しよう

### ▼フレームワークは問題を教えてくれない

問題解決フレームワークを使うにあたって、もう一つ頭に入れておいてほしいことがあります。こういったツールは、問題を解決するためのものであって、「問題は何か?」は教えてくれない、という話です。

問題とは現実と理想とのギャップである、という話をしました。時々刻々と起こっていることの中から、どんな現実に着目するかは本人次第です。しかも、それに対してどんな理想を描くかを決めるのも本人です。つまり、問題は目の前にあるのではなく、本人が発見したり設定したりするものなのです。

問題解決フレームワークは、あくまでも問題が特定された後で使うものです。一般的に考えて取り組むべき問題はあっても、世間は世間、自分は自分。最終的にどの問題を選ぶか、どんな大きさの問題に取り組むかを決めるのは自分しかいません。

問題の設定が不適切であったら、いくらフレームワークを駆使してもよい答えは出てきません。解ける問題を選ぶことが、問題解決にとって大切になります。

たとえば、「どうやったら1億円の宝くじが当たるか？」といった、どうにもできないことを問題にしてしまうと、解決できなくなります。「どうやったら、ワンマン上司を変えられるか？」も、できないとは言いませんが、他人の話だけに解決がかなり難しいです。

偶然、過去、他人などは私たちがコントロールすることはできません。どうにもならないことは、どうにもなりません。選択、未来、自分ならコントロールできます。どうにかなることは、どうにかできるのです。

私たちは、解決できる問題しか解決できません。貴重な時間とエネルギーを費やすのなら、解決できる問題に集中するのが得策です。

## ▼なぜ私の話がウケないんだ？

そう考えていくと、確実に変えられるものが一つあります。それこそが、私たちの認知（受け止め方）です。

客観的な事実は変えようがありません。しかしながら、それをどう受け止めるかは、何とでも変えられます。自分の頭や心の中で起こっていることですから。

経験談を一つお話ししましょう。私は、連日、全国を飛び回って講演、研修、ワークショップをこなしています。駆け出しの頃の大きな問題に、「ウケない」というのがありました。あの手この手を繰り出すのですが、やればやるほど白けていきます。「ネタが足りないから」「やる気のない人が多いから」といろいろ原因を考えるのですが、思うようになりません。

ある日、いつも以上にまったくウケず、敗北感一杯で一日の研修を終えました。ところがアンケートの自由記述欄を見ると、「いい話が聞けた」「とてもタメになった」「今まで最高の研修」と大絶賛。そこでようやく本当の問題に気づいたわけです。

「ウケない」というのは事実ではなく、私がそう感じているだけです。どうしてそれが問題かと言えば、「ウケる」のが理想だと思うからです。「講師は笑いを取るべきだ」「笑いのある研修がよい研修に違いない」という思い込みが、問題をつくり出しているわけです。

「ウケることより、役立つ研修であればよい」と考えれば、「ウケない」という問題はなくなります。自分の受け止め方を変えることで悩みが解消できたわけです。問題が問題なのではなく、問題の設定が問題だったという話です。

もちろん、それで私が望むような反応に変わったわけではありません。しかしながら、ウケないことが気にならなくなり、自然体で話ができるようになりました。そうすると、逆に笑いがよく取れるようになり、今ではウケ方が少し分かったように思います。

## ▼問題を解決せずに、悩みを解消する

こういった思い込みのことを「非合理的な信念」と呼びます。「ねばならない」「違いない」「べきである」といったものです。

なぜ、これらが非合理的かと言えば、本当に正しいとは言えないからです。反論を加えてみればすぐに分かります。

研修は絶対に「ウケない」と駄目なんでしょうか。「ウケない」としたら、それで何か致命的なことが発生するのでしょうか。第一、参加者に「ウケない」というのは本当の事実ですか。勝手にそう思い込んでいるだけではありませんか。

そうやって点検していくと、「ウケたい」「ウケたほうがいい」「ウケるかもしれない」「ウケることもある」と考えるのが、合理的であることが分かります。そういう風に認知

を転換することで、思い悩むことがなくなるわけです。

繰り返しになりますが、問題を定義するのは私たち自身です。目の前にあるすべての問題を片っ端から解決する必要はなく、本当に解決すべき問題に集中したほうが得策です。

まずは、「それは本当に問題なのだろうか？」「そう思っているだけで、問題ではないのではないか？」「本当の問題は別のところにあるのではないか？」「いつ、いかなる場合も問題なのか？」「未来永劫、その問題は続くのか？」と問題そのものを見つめてみましょう。

思い込みを少し緩めるだけで、問題が問題でなくなるかもしれません。それには、試しに少しだけ違うやり方でやってみるのが手っ取り早いです。それで支障がなければ、もう少し緩めてみましょう。そうやって無理せず少しずつ進めていくのが合理的です。

これが認知転換アプローチと呼ばれる問題解決技法です。A・エリスの「論理療法」が元になっており、さらに発展させた「ナラティブアプローチ」もあります。

組織の問題もこういった非合理的な信念で起こるケースが多々あります。組織で起こる問題は往々にして繰り返されてパターン化します。それはパターンを生み出す構造があるからであり、その裏にあるのが「メンタルモデル」という名の思い込みです。よくあるのは「〇〇したい」というのが、いつの間にか「〇〇でなければならない」になっているケースです。願望や仮定が必要条件にすり替わっているのです。

## ▼問題の定義によって解決方法が変わる

こうやって見ていくと、問題解決にはいろいろなやり方があることが分かります。それは、問題をどのように定義するかの違いに帰着します。

最初に述べた原因論では、問題を引き起こす原因が分からない、もしくは取り除けないことを問題ととらえています。対する目的論では、目標達成に向けて一歩踏み出せないことが問題となります。さらに、認知転換アプローチでは、非合理な思い込みを抱いていることが問題です。

他にも、「あちらを立てればこちらが立たず」となってジレンマを解消できないことが問題である（対立解消アプローチ）。やればやるほど事態が悪化する悪循環の構造になっていることが問題である（システム思考アプローチ）。関係者の間で解決策が合意できないことが問題である（ホールシステム・アプローチ）など、多種多様な問題のとらえ方がありま す。

これらは、いずれも仮説（モデル）です。そう考えると考えやすくなるという一種の方

**図4-2　問題解決のアプローチ**

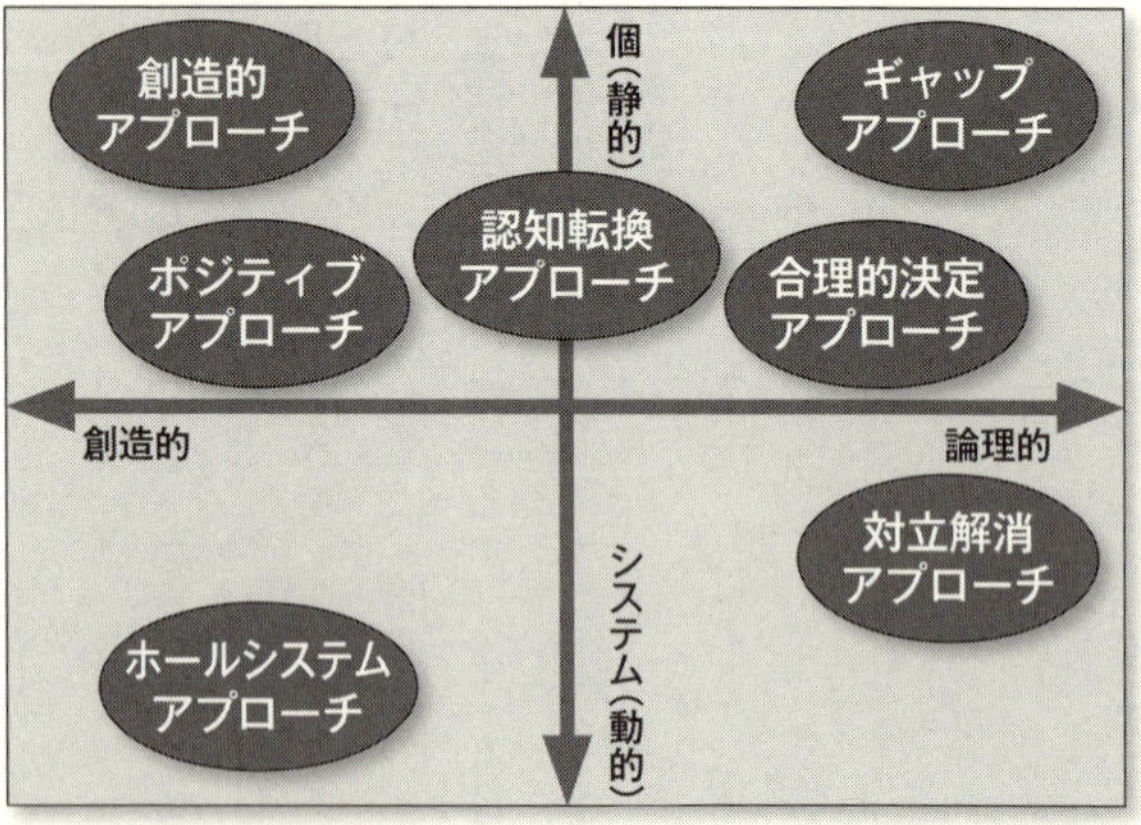


出所：堀 公俊『問題解決フレームワーク大全』（日本経済新聞出版社）

便です。どれが正しいというわけではなく、解決に役立てばどれでもよいのです。詳しく知りたい方は拙著『問題解決フレームワーク大全』（日本経済新聞出版社）をご覧ください。

## ▼ワンパターンから脱却しよう！

話をまとめると、ロジックツリーに代表される問題解決フレームワークは、先達が培ってきた知恵のほんの一部に過ぎません。合理的に問題解決ができる部分だけを取り出したものであり、合理的でない問題には歯が立ちません。

にもかかわらず、経営コンサルタントたちがどんな問題でも解決できるのは、合理的に解ける問題のみを扱っているからです。合理的でない問題は、最初から除外して扱わないようにしているのです（でないと、やっていられませんから）。それらは、コーチ、カウンセラー、セラピスト、ファシリテーターたちの仕事とされています。

一般のビジネスパーソンは、そんな都合のよい使い分けはできません。合理的に解ける問題だろうが、解けない問題だろうが、区別なく扱わないと仕事が進みません。

問題解決フレームワークだけでは間に合わず、ここで述べたいろいろなモデルを駆使して解決に当たらなければいけなくなります。ロジックツリーやペイオフマトリクスばかり使っていても埒があかないのです。

一つのやり方を試して、思うようにいかなければ、別のやり方に挑戦してみる。駄目ならまた新しい方法を試してみる。それを繰り返すことしか、私たちが抱える複雑な問題に対処する方法はありません。

新しい事業を進めるのに「リアルオプション」と呼ばれる方法があります。不確実性があるときは、いきなり「やる／やらない」の判断を下すのではなく、とりあえず小さく始めてみて、状況が明らかになった段階で判断する、というものです。問題解決も同じであり、「できることから始める」というのは、案外合理的なやり方なのかもしれません。

# 第5章

# 「意思決定マトリクス」で最善策を選んだのに……

# 5-1 「意思決定」フレームワークとは

## ▼もっとよく考えればよかった……

仕事は判断と決定の連続で成り立っています。

お客様からのクレームをどのように処理すればよいか、という業務やタスクレベルの判断。今期の目標を達成するために何に重点を置いて取り組めばよいか、という管理や計画レベルの判断。どんな作戦でライバルを打ち落とせばよいのか、という戦略や戦術レベルの判断。いろいろなレベルの判断がビジネスを動かしています。

業務レベルの話なら、決まり事や経験を元に定型的に決定できます。ところが、管理や戦略レベルになると問題が複雑になり、容易に答えが出せません。何が正解か分からず、判断に迷うことが多くなります。

そんなときに会議という名の話し合いの場が持たれます。たくさんの人に集まってもらい、多面的な意見や情報を集め、自分一人では決められないことをみんなで決めようとするのです。また、そうすることで、決まったことへの納得感を高め、組織が一丸となって結論を実行できるようにします。

では、会議で合理的な決定がなされているかと言えば、必ずしもそうとは言えません。参加者が多過ぎる上に、重要な議題を後回しにして、解決しやすい案件にばかり時間をかける「計画におけるグレシャムの法則」が働きます。

しかも大抵は、すでに根回し済みの提案が上がり、さしたる議論もなく採否が決まります。多くの場合、「何が正しいか？」ではなく「誰が言ったか？」「誰に話を通したか？」で。日本の会議は属人性が高くて、合理的な議論にならないのです。

そんなときこそ、「意思決定フレームワーク」の出番です。会議のフレームとして使うのはもちろん、一人で考えるときにも使えます。ビジネスに限らず、家庭やコミュニティ活動、ひいては人生のさまざまな岐路での意思決定においても。「もっとよく考えておけばよかった……」と後悔しないために欠かせないツールです。

## ▼合理的に物事を決めていこう

意思決定フレームワークで最もよく使われるのが**プロコン表**（賛成：Pros、反対：Cons）です。

物事を判断するにあたり、メリット（得）とデメリット（損）を洗い出し、両者の比較で決定しようというものです。「損得は分からないが興味はある」という項目を加えた、E・デ・ボーノの**PMI**（プラス：Plus、マイナス:Minus、興味：Interest）というのもあります。

複数の選択肢があるときに、ベストな答えを選ぶフレームワークの代表選手が**ペイオフマトリクス**です。効果の大きさ（アウトプット）と実現の容易さ（インプット）を基準にして、最も費用対効果が高いアイデアを選ぼうというのです。**緊急度／重要度マトリクス**や**インパクト／不確実性マトリクス**なども、2つの軸で判断するという意味では同じ範疇《はんちゅう》に入ります。

ただし、これらのツールは判断基準を2つしか選べません。もっと多くの判断基準を設定したいときに使うのが**意思決定マトリクス**や**星取表**です。

候補として挙げた選択肢を、多数の基準で評価して足し合わせ、総合点が最も高いアイデアを選ぼうというものです。評価項目同士のバランスを見たいときはレーダーチャートが役に立ちます。

いずれの場合でも、どんな評価基準を置くかで答えが違ってきます。NUFテスト（新規性：New、有用性：Useful、実現性：Feasible）、SUCCESs（単純：Simple、意外：Unexpected、具体：Concrete、信頼：Credible、感情：Emotional、物語：Story）や石井力重の8つの評価軸（新規性、コスト、収益性、実現性、人的資源、技術面、有用性、物的資源）などが提案されています。

また、取りうる選択肢と予想される反応を網羅的に挙げて優劣を評価するディシジョンツリーも合理的な決定を促進してくれる便利なツールです。

## 5-2 いい加減な決め方が後悔を招く

### ▼経験で判断するか、空気に流されるか？

釈迦に説法かもしれませんが、こういったフレームワークは正解を教えてくれるわけではありません。合理的な決定や選択を考えるのをサポートしてくれるものです。なぜ、そういうツールが必要かと言えば、私たちは合理的に考えるのが苦手だからです。

大抵の人は、物事を決めるには「過去の経験で判断する」という方法を使います。事ある度に一から綿密に考えて判断するのは面倒です。「ヒューリスティックス」（経験則）を用いれば、短時間にそれなりに正解に近い答えが得られます。効率的なやり方であり、大抵はそれで問題がありません。

ところが、このやり方は、大きな環境変化が起こったときに通用しなくなります。一代で事業を築き上げたワンマン経営者が、加齢に伴いとんでもない判断ミスをやらかす、というのは大方こういうパターンです。

中には、あれこれ考えると迷い出すので、エイヤー！と「直観で決めてしまう」人もいます。「グダグダ考えても仕方ない」とばかり、度胸よく即決してしまうのです。問題が複雑になればなるほどその傾向が強くなり、運試しのような決定になりがちです。合理性のカケラもありません。

あるいは、自分では決めず、その場の「空気に従う」という人もいます。みんなの顔色を見ながら、あえて波風を立てず、みんなが決めたい方向に合わせる、というやり方です。

異なる意見がぶつかってこそ、意思決定の質は高まります。このやり方だと、全員一致でとんでもない結論を導く危険性があります。しかも、空気で物事が決まっていくため、誰がどういう理由で決めたかサッパリ分からず、誰も責任を取らなくなります。

## ▼赤字垂れ流しになる本当の理由

仮に合理的な決定をしようとしても、さまざまな思考の歪みが私たちの邪魔をします。

たとえば、皆さんの会社で、もはや見込みがないと分かっている新規ビジネスや研究テーマがダラダラと続けられる、ということはないでしょうか。

冷静に考えるなら、勝ち目がないものはさっさと見切りをつけたほうが、傷は浅くて済みます。ところが、多くの人は、それまでの負けを取り戻そうと思って、深みにはまってしまいます。ここで止めてしまったら、今まで損をしたことが全部無駄になってしまう、と思うからです。自分に責任があるとなおさら止められません。

合理的に考えると、これはおかしな話です。過去の損は、その年度で処理済みです。いくら頑張っても回収のしようがありません。今は今の勝負をしているのであって、将来の利益だけを考えるべきです。

これを「サンクコスト（埋没費用）の罠」と呼びます。早い話、「せっかくやってきたのに、もったいない」と思う気持ちです。

それに、「そんなはずはない」と自分に都合の悪い点を正当化する「認知的不協和」が加わると、もう止められません。ギャンブルがなかなかやめられないのも同じ構図です。人間が本来的に持っている思考の歪みが合理的な判断を妨げているのです。

### ▼私たちの思考はバイアスだらけ

もう一つ、合理的でない決定の例を紹介しましょう。皆さんは、確実に100万円儲かる事業と、30％の成功確率しかないものの、上手くいけば５００万円儲かる（負ければゼロ）事業とでは、どちらをやってみたいと思いますか。

おそらくほとんどの人は、前者を選ぶと思います。期待値の計算をすると、前者は１００万円、後者は１５０万円となり、後者を選ぶほうが合理的な選択なのに。

では、確実に１００万円損する事業と、30％の成功確率しかないものの、上手くいけば損はゼロ（負ければ５００万円の損）の場合はどうでしょう。今度は、後者が損なのにもかかわらず、後者を選ぶ人が多くなります。

つまり、私たちは利益に対してはリスクを回避する（堅実性の高い）決定をするのに対して、損失に対してはリスクを取る（ギャンブル性の高い）決定をしがちになるのです。これは「プロスペクト理論」という考え方で、ここにも不採算事業が止めづらい理由の一端が垣間見えます。

こういった思考の歪みを「バイアス」と呼びます。物事を認知したり判断したりするときに、人が本来的に持っている思考の歪みや偏りです。そもそも人間に備わっているものだけに、バイアスを認識することもまれです。

自分の仮説に合った、都合のよい情報ばかり目についてしまう「確証バイアス」。代表的な事例を一般化してステレオタイプ的に判断してしまう「代表性バイアス」。首尾よくいったことは自分の手柄、いかなかったことは他人のせいにする「自己奉仕バイアス」。思い出しやすくて印象に残ったことを過大評価してしまう「利用可能性バイアス」。多数派の意見が正しいと思ってしまう「多数派同調バイアス」など、数え上げればキリがありません。

このように、私たちは、自分が思うほど合理的な選択をしているわけではありません。だからこそ、こういったフレームワークを使って意思決定の合理性を高める努力をする必要があるのです。

### ▼賢いシェフは選択肢を示す

合理的な決定をするために大切なことがあります。一つは、選択肢の幅を広げることです。選択肢は複数あったほうが、合理的な決定になりやすくなります。

これは、レストランでシェフから「今日のお勧め料理はこれです」と推奨される場合を考えればすぐに分かります。一つだけをプッシュされるのと、２つ３つ候補を挙げて選択を促されるのとでは、後者のほうを好む人が多いはずです。

選択肢が複数あると、いろいろな角度から検討できるからです。たくさんの選択肢の中から自ら選んだということで、納得感も高まります。適度な数の選択肢を用意することは、合理的で満足度の高い選択に欠かせません。

他の選択肢を検討せずに選んだ答えは信用できません。できる限りヌケモレなく選択肢を挙げることが意思決定の質を上げてくれます。

2つ目に、合理的な基準で判断することです。いくら選択肢がたくさんあっても、経験、勘、空気を元に選んだのでは意味がありません。「どれを選ぶか？」の前に、「何を大切にして決めるか？」をしっかり考えなければいけません。

合理的な基準とは、一般に通用する普遍的な基準、と考えてもらって結構です。具体的には、経済性（費用対効果）、社会性（公平性）、重要性（共有された価値）、目的合理性（貢献や寄与）などがあります。一つで決められないときは複数挙げて多面的に評価します。

これらは、大なり小なり頭の中で無意識にやっていることです。それを面倒がらずにキッチリやろうというのが意思決定フレームワークです。

## ▼理想の結婚相手を選ぶには?

ところが、意思決定フレームワークを使っても、使い方を誤っている人を多く見かけます。よくあるのが、選択肢を絞り込むのに、複数の基準をリストアップするのはよいのですが、全部を同列に扱っている、という失敗です。

たとえば、結婚相手を決めるのに、ルックス、スタイル、性格、年収、身長、学歴などの基準で候補者を評価して、総合点で判断するというケースです。これだと、いずれの候補者もそれなりの点を獲得して、優劣の差がつかなくなってしまいます。ちょっとした評価のさじ加減で結果が大きく変わってしまい、直観で決めるのと変わらなくなります。

こういった基準には優先順位があるはずです。重要な基準とそうでないものが混じっており、重みづけをした上で評価しないと正しい判断になりません。思い切って大胆に重みに差をつけることで、個性的な判断が下せます。平均的な選択では意味をなさないのです。

また、基準同士が独立しておらず、互いに関係があるとこのやり方は通用しません。たとえば、身長が高いとスタイルがよくなり二重に評価されることになります。ルックス、すなわち顔には少なからず性格や学歴（頭のよさ）が現れています。これだと、ほとんど見た目で決めるのと変わらなくなってしまいます。

だからといって、あまり精緻で複雑な評価の仕方をしても、判断の精度は上がりません。私たちは細かいことを分析するのは得意でも、総合的に辻褄の合う判断をするのは苦手だからです。結局、作業が面倒になり、直観で決めてしまうということが起きます。

これら3つの間違いはビジネスの意思決定でもよく起こります。一見、合理的なプロセスを踏んでいるように見えるだけに始末が悪いです。評価基準の設定は、決定の行方を大きく左右するものだけに、くれぐれも慎重に扱うようにしましょう。

## 5-3 何が正しい判断と言えるのか？

### ▼最もお勧めの案が採用されない

では、これらの点に気をつければ、正しい判断ができるのでしょうか。実は、「そうとも限らない」という話を、一つの失敗事例を参考にして考えてみましょう。

ある日、Eさんは課長に呼ばれ「うちの課の経費削減策を提案してくれないか」と頼まれました。全社的な経費削減活動の一環として、各部署で具体策を立案することになっており、そのとりまとめを依頼されたのです。

早速、Eさんは課の経費の実態を整理し、費目別にどれくらい削減が可能か検討しました。大まかにペイオフマトリクスで優先順位をつけた後、意思決定マトリクスを使って具体的な取り組みに優先順位をつけました。

その結果分かったのが、交通費の削減が最も効果があるということです。通勤手段を最も安い経路に見直したり、バスを徒歩に変えたりすればかなりの削減が見込めます。中には、一種の既得権になって規定を超えた交通費をもらっている人もいます。

出張費も同様で、格安航空券やホテルパックを利用したり、前泊や後泊を厳密に査定すれば旅費を浮かせられます。それに比べれば、文房具やコピー代の節約なんてたかが知れています。ましてや、昼休みに電気を消してもほとんど効果がありません。合理的に考えれば、交通費や出張費に大胆にメスを入れるべきです。

そう考えたEさんは、意思決定フレームワークを盛り込んだ資料をつくり、課内会議で説明をしました。ところが、課長の反応がなぜか今一つよくありません。

不安になって、「いかがでしょうか？」と尋ねたところ、「言っていることは分かるが、まあそこまでしなくていいだろう。急にそう言われても、みんな困るだろうし。とりあえずは、コピー代の節約くらいから始めるので十分じゃないか。昼休みに電気を消すのもアピールにもなるし」という答えが。みんなもそれを聞いて頷いています。

あわてて反論しようとすると、「余計なことを言わなくてもいい」とたしなめられてしまう始末。「そんな馬鹿な……」と体の力が抜けていくのを感じるEさんでした。

## ▼最適化原理と満足化原理の違い

合理的に考えれば最適な案が通らず、あまり合理的でない案が採用される。ビジネスに限らず、世間ではよくある話です。原因の一つは意思決定の原理が違うからです。

たとえば、今日は久しぶりの家族旅行で京都に来ています。今晩は、宿泊しているホテルから繁華街に繰り出して、できるだけ美味しい夕飯を食べたいと考えたとします。

そのためには、旅行ガイドやグルメサイトを見て候補を選び出し、味、価格、サービスの点で最高の店を選ぶべきです。あるいは、知人友人にお勧めの店を紹介してもらい、ネ

### 図5-1　最適化原理と満足化原理

**最適化原理**

| 候補 | 環境 ×3 | 交通 ×2 | 価格 ×2 | 安全 ×1 | 利便 ×1 | 合計 |
|---|---|---|---|---|---|---|
| A案 | 6 | 6 | 6 | 6 | 6 | 54 |
| B案 | 10 | 5 | 1 | 1 | 5 | 48 |
| C案 | 1 | 10 | 1 | 8 | 10 | 43 |
| D案 | 3 | 1 | 10 | 8 | 6 | 45 |
| E案 | 3 | 3 | 5 | 10 | 3 | 38 |

**満足化原理**

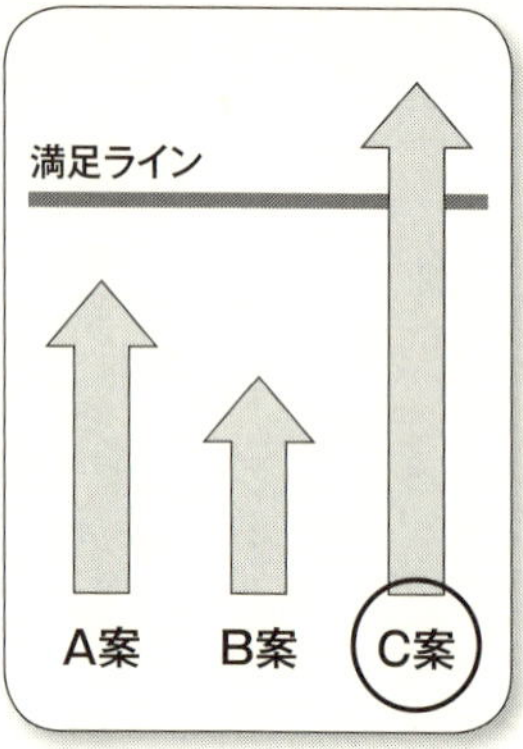


ットで口コミなどを集めて検証するというのも賢い方法です。

これを「最適化原理」による意思決定と呼びます。合理的に考えて最適な選択をしようとするのです。

ところが、そこまでやるには相当な手間と時間がかかります。他人の評価が自分の評価と同じである保証もありません。その日の気分や体調によって、自分や家族の味の好みも変わります。

なので、多くの方はこんな面倒なことはしません。繁華街をブラブラ歩いて、何軒か店をのぞき、よさそうな店を見つけた時点で「よし、今晩はここだ」と決定します。

最適な答えでなくても、ソコソコ満足でき

る選択肢を見つけた時点で、検討を止めて採用する。これを「満足化原理」による意思決定と呼びます。

これも一つのやり方です。当たり外れはあるものの、それなりに楽しめますし、家族の満足もまずまず得られます。いつも合理的に考える必要もないのです。

失敗事例の話に戻ると、Ｅさんは最適化原理で、上司は満足化原理で決定しようと考えていました。意思決定の原理が違っているのに気づかず、無駄な努力をしてしまったわけです。

ちなみに、意思決定フレームワークは最適化原理に用いるものであり、満足化原理はカバーしていません。後者を進めていくには、異なる意見を統合したり、共通点を洞察したり、抽象化してまとめたりする能力が求められます。そのベースにあるのが抽象化能力であるという話は３－３の分析／総合のところで述べた通りです。

# 5-4 対立を生み出す超メタフレーム

## ▼現実の合理性には限界がある

私たちは未来に向けて意思決定をするものの、手元にある判断材料は過去や現在のものだけです。

いくら選択肢の幅が大切だからといって、ありとあらゆる選択肢を挙げることは不可能です。細かく検討していたら時間がいくらあっても足りません。評価基準にしても、最後は価値観や好みの話になり、万人が一致する基準なんてありません。

つまり、私たちは合理的でありたいと思うものの、合理性には限界があるのです。これを「限定合理性」と呼びます。私たちが生きている現実は限定合理性の世界なのです。

最適な決定を目指すのか、満足な決定でよしとするのか。**最適／満足**というのが意思決定におけるメタフレームです。

それは、理想を追求するのか、現実的に進めるのかという話に帰着します。これこそ、世の中のいろいろな対立を生み出すメタフレームです。

**理想／現実**は、政治、経済、社会、文化など、さまざまな考え方の大元になっている超メタフレームです。本書で紹介しているメタフレームの多くも、つきつめればここに源がありません。どちらか片方で済むことはなく、両者を上手く融合させていかなければなりません。

### ▼理想を掲げつつ、現実的に対処する

「会社の戦略を決定する」といったケースは、本来的には最適化原理を採用すべきでしょう。問題が大きくなればなるほど合理的な答えを追求すべきであり、ベストな答えでないと勝ち目がありません。

ところが、最適化原理を使うには、選択肢の取捨選択、すなわち勝ち負けを決めていかなければなりません。いくら合理的に決定されても、自分が推す案を落とされた人はあまりよい気がしません。多くの人の協力を得るにはマイナスに作用します。

そうなってくると、ベストな答えではなくても、みんながそれなりに満足できる案をつ

くったほうがよいように思います。満足化原理を使って、全員が相乗りできる案に仕立て上げるのです。「コンセンサス」と呼ばれるやり方で、みんなを動かすには有利に働きます。

しかしながら、全員が相乗りできる案をつくるには時間がかかる上に、下手をするとエッジのなまった抽象的な案になりやすくなります。合意はできたものの、本来の問題解決の役に立たない玉虫色の結論になる恐れがあります。

非現実的な理想の解決策を探したのでは、いつまでたっても結論は出ません。かといって、現実に流されて妥協の産物を生み出したのでは実効性に乏しくなります。結局、理想を追求しつつも現実的な判断をしていくしかなく、その知恵を生み出すことが意思決定に他ならないのです。

### ▼「帯に短し襷に長し」では決められない

それは結局、どれだけ粘り強く選択肢を考えるかに帰着します。

身も蓋もない言い方をすれば、なかなか意思決定ができないのは、原理のせいではなくアイデアの質が低いからです。甲乙つけがたいから決められないのではなく、「帯に短し襷《たすき》に長し」になっているからです。

実際、就職や結婚といった人生の岐路でなかなか判断がつかないときは、自分が気に入った選択肢がないときが多いはず。会議が紛糾するのも、対立を解消するよいアイデアが浮かばないからではないでしょうか。

目の覚めるような優れたアイデアが一つ出れば、最適化原理も満足化原理もありません。「よし、それでいこう！」で終わりです。これを「創造的合意形成」と呼びます。アイデアがすべてを凌駕《りようが》するのです。

どちらの原理を使うにせよ、数ある意思の中で一つに決定するのが意思決定です。元々の意思の質が低ければ決定のしようがありません。逆に言えば、よい意思決定にはよいアイデアが前提だということです。このことを忘れないようにしましょう。

## 5-5 自分たちはどうありたいのか?

### ▼意思と実現性を考えよう

繰り返しになりますが、フレームワークは、合理的な決定を考えやすくしてくれるものであり、正解を教えてくれるものではありません。フレームワークで分析した結果を見ながら、どう結論づけるかは使う人次第です。

それに、意思決定の意思とは、「何かしようと思う気持ち」のことです。思っただけで何もしないのなら意思決定とは呼べません。

たとえば、誰もやりたくない優等生の答えよりも、「多少見劣りするが、これなら頑張れる」「上手くいかないかもしれないが、やってみたい」という案を採用したほうが望ましい場合もあります。やる気や感情といった心理的な側面や、実行するときの努力や障害まで加味して決定しないと、せっかくの決定が絵に描いた餅になってしまいます。

また、合理的に決めることが必ずしもよいとも限りません。たとえば、2－4で紹介した逆転の発想は、いずれも合理的でない決定の典型です。これができるのはリーダーだけです。

そもそも、合理的に決定できるのならリーダーは要りません。誰が見てもその答えにしかならない、一般的な答えを見つけようとするのですから。

合理性を超えたところを決断するのが、リーダーの仕事となります（ただし、その責任は自分で引き受ける覚悟を持って）。論理に溺れず、直観に逃げず。果敢に意思決定する姿勢がリーダーに求められているわけです。

### ▼私たちはそんなことをしないんだ！

あるいは、こんな事例もあります。

ある会社で開発した新製品が発売間近というところまでこぎつけました。ところが、この段階になっても品質にバラツキがあり、このままだと社内の基準に届かない製品が量産されてしまいます。

しかしながら、元々この会社の品質基準は他社に比べるとかなり高め。少し基準を下げても使用上の問題が発生する恐れはほとんどありません。懸念があるとしても、長年この会社の製品を愛用してくれた一部のファンに違和感を持たれる程度です。それも致命的な話ではなく、クレームが来たら事情を説明すれば済む話。

出荷判定会議では、予定通りに発売するか、延期して品質が安定するまで待つか、意見が真っ二つに分かれました。双方の主張をプロコン表で整理したところ、クレームの発生確率と対応費用、ブランド価値への影響度、発売遅延による遺失利益、品質向上のためのコストアップなどが論拠として挙げられました。

人によって重要視する項目が違い、総合的にどちらが得かは数字の置き方で何とでも言えます。他に検討すべき議題があるのに、この案件だけで予定の2時間を使いきってしまい、みんなの顔に焦りが見えます。

そんな重苦しい空気を打ち破ったのが、議論の成り行きを黙って見ていた古参の部長の一言でした。「そもそも損得の話をすること自体がおかしくないか？　ウチは、品質第一主義を理念に掲げているんだぞ。ウチはそんな製品を出さない会社じゃないのか？」

もはやそれに異を唱える人は誰もいませんでした。何が適切かではなく、どうありたいかで決めたわけです。

図5-2　価値基準

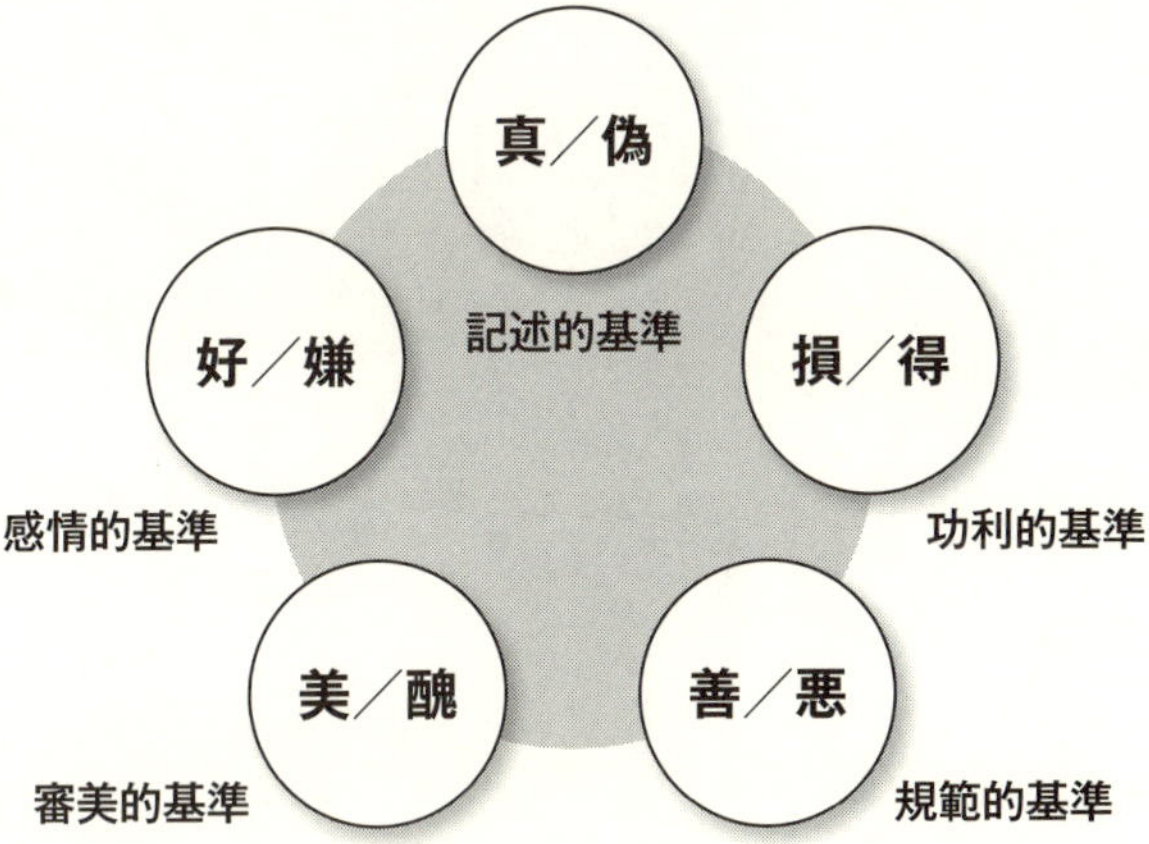


### ▼損得から善悪へ、善悪から美醜へ

これも創造的合意形成の一つです。最適と満足を両立させる一つのやり方です。

私たちは、合理的な意思決定というと、どうしても「何が本当なのか?」という真偽の（記述的な）話や、「どんなメリットとデメリットがあるのか?」という損得の（功利的な）話を思い浮かべます。

ところが実際には、この事例のように「何が人として正しい行いなのか?」という善悪の（規範的な）話で意思が決まるということも珍しくありません。そのために、大半の組織には理念や行動指針が用意されています。物事を判断する基準を提示してくれているのです。だからこそ、危機に陥った会社は必ずここに立ち戻るわけです。

あるいは、合理性は下がるものの、「何が美しい行いなのか？」という美醜の（審美的な）話や、「何が心地よいのか？」という好嫌（感情的価値）で決まるケースもあります。価値が一致しているのなら、これもある意味で合理的な判断と言えるかもしれません。

実際には、これらの基準が入り混じって、総合的な観点から物事が判断されます。さらに、いろいろな思惑や恐れ、焦り、プライドなどが入り混じります。意思決定は、高度で複雑な人間の営みであり、まさにアート（芸術）だと言ってよいでしょう。

夏目漱石が名作『草枕』で、「智に働けば角が立つ。情に棹させば流される。意地を通せば窮屈だ。とかくに人の世は住みにくい」と書いています。意思決定に限らず、知／情／意を高度に調和させる「実践知」がないと組織活動はできません。

意思決定フレームワークは私たちの決定プロセスを単純化したモデルです。これですべて賄《まかな》えるわけではありません。あなたの意思は、あなたにしか決められないのです。

第6章

# 「PDCA」で組織がギクシャクしてしまった！

# 6-1 「マネジメント」フレームワークとは

## ▼資源を集めて効果的に運用していく

私たちは、一人でできないことを成し遂げるために組織をつくって活動します。目指す目的を成し遂げるためには、必要な資源を集め、効率的に配分し、効果的に組み合わせていかなければなりません。そのための活動が「マネジメント」（経営管理）です。

たとえば、志のある人を集めて「フレームワークを学ぶ勉強会」を立ち上げることを思いついたとしましょう。みんなの思いをカタチにするには、何をしなければいけないでしょうか。

まずは、会の目的を定めて、これからどんな活動をしていくのか、計画を立てる必要があります。何を学んでいくのか、誰をメンバーとするのか、どれくらいの頻度で集まるのか、場所やお金はどうやって捻出するのか……。出たとこ勝負では上手くいかず、具体的な計画がないと効率よく活動できません。

さらに、組織の動かし方も考えておかなければなりません。誰を代表者にするのか、役割をどのように分担するのか、どんなルールを用意するのか、連絡はどうやって取り合うのか、物事はどうやって決めていくのか……。会の運営方法を決めておけば、事ある度に右往左往しなくて済みます。

この種の話は、企業だろうが趣味のサークルだろうが同じです。組織をつくって活動する限り避けては通れないものです。

であれば、あたふたして一から考えるよりは、先人たちの知恵を借りるのが近道です。それが「マネジメントフレームワーク」です。

## ▼仕事が回る仕組みをつくり上げる

経営管理論は経営戦略論と並び経営学の大きな柱をなすものです。それだけにたくさんのフレームワークがあり、かなりセオリー化されています。代表的なものを選んで紹介します。

経営は３Ｍ（ヒト、モノ、カネ）で成り立ち、最近では情報や時間などを加える人もいます。モノづくりに限定すれば5Mや7Mといった経営資源のとらえ方もあります。

それらを効率的に運用するには、組織のビジョンから現場のタスクに至るマネジメントヒエラルキー（管理階層）が必要です。大きな組織となると、さらに機能（職能）／事業（商品）別といったサブ組織に展開していきます。

それぞれの階層や組織は、定められた手順に従って業務をこなし、QCD（品質：Quality、コスト：Cost、納期：Delivery）を同時に達成することを目指します。そうしながら、PDCA（計画：Plan、実行：Do、検証：Check、改善：Action）サイクルを回して、よりよい仕事の仕方を追求します。

仕事を進めるにあたっては3M（ムリ、ムダ、ムラ）をできるだけ減らす必要があり、ECRS（排除：Eliminate、統合：Combine、交換：Rearrange、簡素：Simplify）を使うと仕事の改善を考えやすくなります。職場での5S（整理、整頓、清掃、清潔、躾）の管理も仕事の品質を維持するために欠かせません。

組織を運営するには目標設定が鍵となります。SMART（高め：Stretch、測定可能：Measurable、達成可能：Achievable、現実的：Realistic、期限付：Time-related）なゴールを設定することで、チームの力が最大限に引き出せます。

チームワークを高めるのに欠かせないのが**報連相**（報告、連絡、相談）であり、職場のコミュニケーションの基本です。**緊急度／重要度マトリクス**を使えば、本来やるべき仕事にエネルギーを集中できます。

仕事をしていると必ず予期せぬ問題や事故が起こります。それを減らすには**ハインリッヒの法則**が役に立ちます。何か問題が起こったら、**３現主義**（現場、現実、現物）を把握した上で、できるだけ素早く**３Ｗ**（誰が：Who、いつ：When、何を：What）を明確にしたアクションプランを立てるようにしましょう。

## 6-2 「笛吹けど踊らず」となったマネジメント改革

### ▼仲良しクラブから脱却したい

マネジメントフレームワークが欠かせないのは、言うまでもなくマネジャーです。マネジメントを進めていく上で心強い味方になってくれます。
とはいうものの、使いどころや使い方を間違えると、思うようにマネジメントできなくなる、というのは他のフレームワークと同じです。ここでも、一つの失敗事例を元にしてあるべき使い方を考えていきましょう。

本社管理部門で実績を上げ、女性のハンディを越えて管理職に昇進したFさん。地方のある営業所を担当するマネジャーとして、期待と不安を胸に赴任することになりました。

着任してみて自分がなぜここに派遣されたか分かりました。仕事のマネジメントが全然できておらず、ガンバリズムと気合いで目標達成しようともがいているのです。これでは業績が上がらないのは当然。もっと合理的に仕事を進める必要があります。

そう思ったFさん、「営業マネジメント改革」と名づけ、前部署で身につけた目標管理や改善活動などで使うフレームワークを数多く導入しました。あわせて、休日にメンバー全員を集めて、マネジメントの基本を学び直す研修を実施しました。

中でも、力を入れたのがPDCAです。どうしても行き当たりばったりの営業活動になり、結果に一喜一憂するだけ。仕事のプロセスを振り返ることもありませんでした。それでは闇雲に数字を追い求めるだけで、仕事の仕方が進歩していきません。

図6-1　PDCA

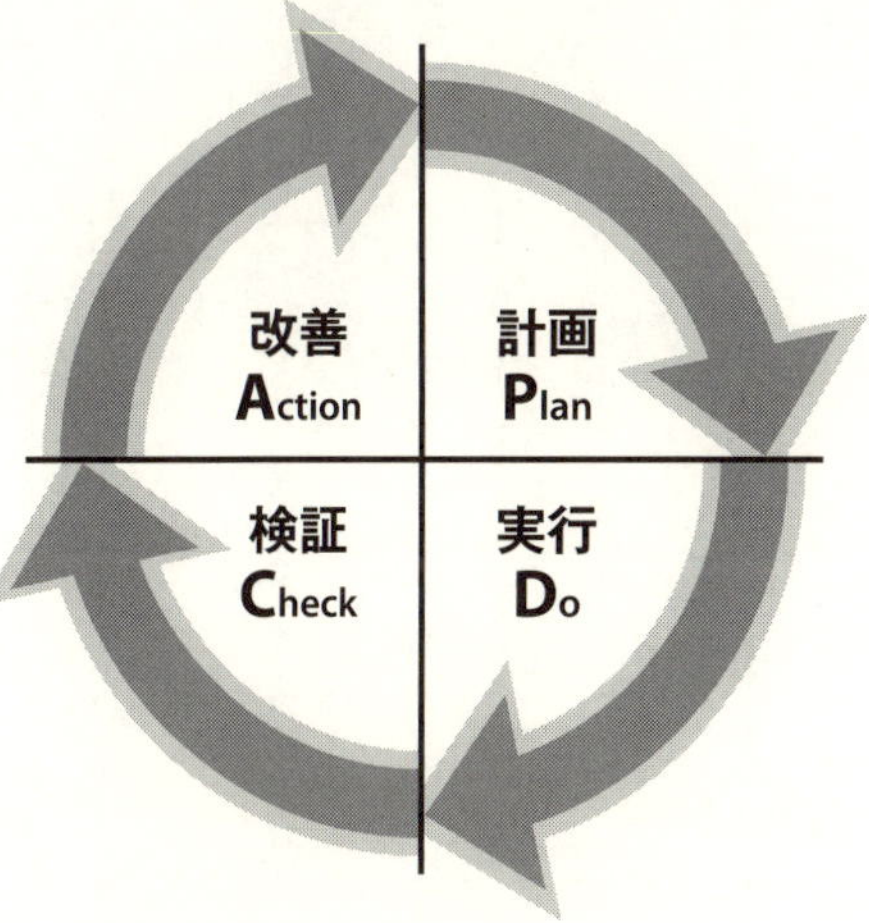


まずは、目標を達成するために、どのように顧客にアプローチするかの行動計画と定量的な目標（訪問回数など）をつくらせ、着実に実施したかどうか報告を求めるようにしました。その結果や相手の反応を振り返り、さらに次に向けての改善策を提出させます。そんな、当たり前のことを当たり前にやるよう、厳しく指導をしたのです。

そのための鍵となるのが報連相です。毎日の朝礼や毎週の進捗報告会議はもちろん、職場でも細かい報告・連絡・相談をするように徹底しました。口頭のみならず、レポート、メール、電話などあらゆる手段を駆使して。

## ▼突然告げられた意外な言葉にビックリ

ところが、業績は思うように改善しません。焦ったFさんは、マネジメントをさらに強めていきます。そのため、職場がピリピリした雰囲気になり、Fさんの叱責の声ばかり響くようになりました。

「このままではいけない」と、さらに焦りを募らせたある日、本社の上司から呼び出しの電話がかかってきました。あわててかけつけると人事課長が同席しているではありませんか。

そこで告げられたのが、「君のマネジメント改革とやらについていけないと、何人かのメンバーが労働組合に助けを求めたそうだ。業績ももう一つだし、やり方がまずいんじゃないのか」という言葉でした。

まさに青天の霹靂《へきれき》です。「そんな馬鹿な。PDCAや報連相なんて当たり前のことじゃない。できないのを私のせいにするなんて、どういうこと？」と思ったものの、興奮して上手く言えません。「何か行き違いがあるのだと思います。目標管理の面談でもしっかり意見を聞いているはずで……」と言うのが精一杯でした。

それに対して、また意外な言葉が返ってきました。「面談でくどくど説教されるのは御免だと言うんだよ」と言われるではありませんか。「私の何がいけなかったの⁉」。頭の中が完全に真っ白になったFさんでした。

# 6-3 マネジメントは幻想で成り立っている？

## ▼馬に水を飲ませることはできない

今さら解説するまでもありません。マネジメントに気をとられるあまり、メンバーの気持ちを置いてきぼりにしてしまったのです。「組織は感情で動く」ことを忘れてしまうと、こうなってしまいます。特に、営業・販売系の部門で起こりやすい失敗です。

多くの場合、ＱＣ活動、経営品質、ワークアウトといったマネジメント改革のイニシアティブを握るのは製造部門です。そこで成果を上げると、研究開発部門や管理間接部門に横展開され、最後にお鉢が回ってくるのが営業部門や販売子会社です。

ところが、どこの会社もこの段になると急にブレーキがかかります。「モノを売る」という仕事は、ヒトを相手にする商売だけに、合理性だけでは割り切れないからです。結局、思うような成果を上げられないままうやむやにされてしまう、というのがお決まりのパターンです。

「馬を水場まで連れて行くことはできても、水を飲ませることはできない」という諺があります。いくらマネジメントをしようとしても、マネジメントされるほうがその気にならなければ何も生み出しません。

そういう意味では、マネジメントは「幻想で成り立っている」とも言えます。マネジメントをするには、目標、ルール、制度、計画、役割分担、業務プロセス、意思決定手段などが欠かせません。要は、いろいろな「決まり事」をつくり、みんなを従わせる必要があります。

それは、「決められたことは守らないといけない」と全員が考えるからこそ機能します。「決められたことは守らなくてもいい」と思いだしたら、あっという間に崩壊してしまいます。そこまでひどくなくても、「決められたことは〝100%〟守らなくてもいい」と思っただけで、目指す成果に到達できません。

マネジメントとは、「決められたことは守る」という暗黙の前提があって成り立ちます。共同幻想に支えられた、案外危ういものなのです。

## ▼杓子定規にやれば済むわけではない

こう言っても、企業にお勤めの方はピンとこないかもしれません。決められたことは守るというのが当たり前になっているからです。

ところが、ボランティア団体を運営してみると、嫌でも痛感させられます。「やりたいことは頼まれなくてもやる」かわりに、「やりたくないことは、頼まれてもやらない」のがボランティアだからです。「決められたことを守る」というのが、いかに有難いかを、身に染みて思い知らされます。

企業組織では、それでは困るので、マネジメントする側はパワー、すなわち権威や権力（時には心理的な暴力）を使って、「決められたことは守る」ようにさせようとします。いわゆる脅しすかしです。

それにしても、最後は当人の気持ちの問題です。いくら「やらなきゃクビにするぞ！」と脅しても、「やれるものならやってみろ」「どうせ辞めるつもりだから構わないよ」となったら効果はまったくありません。

実際に、マンション建設や食品表示をはじめとするあまたの偽装事件は、守るべきルールがあったにもかかわらず起こってしまいました。管理監督を厳しくしたり、罰則を強化したところで、モラルが破綻《はたん》していては意味をなしません。

フレームワークを活用してマネジメントの仕組みをつくるのはそう難しくありません。しかしながら、それを機能させるにはまったく違った工夫が必要です。そこを考え、実行するのがマネジャーの本当の仕事なわけです。

## 6-4 組織に求められる2つのもの

### ▼成果ばかり求めるとブラックに

そもそも、組織には2つのものが求められます。一つは、着実に成果を出すことです。

**図6-2　効果性と健全性**

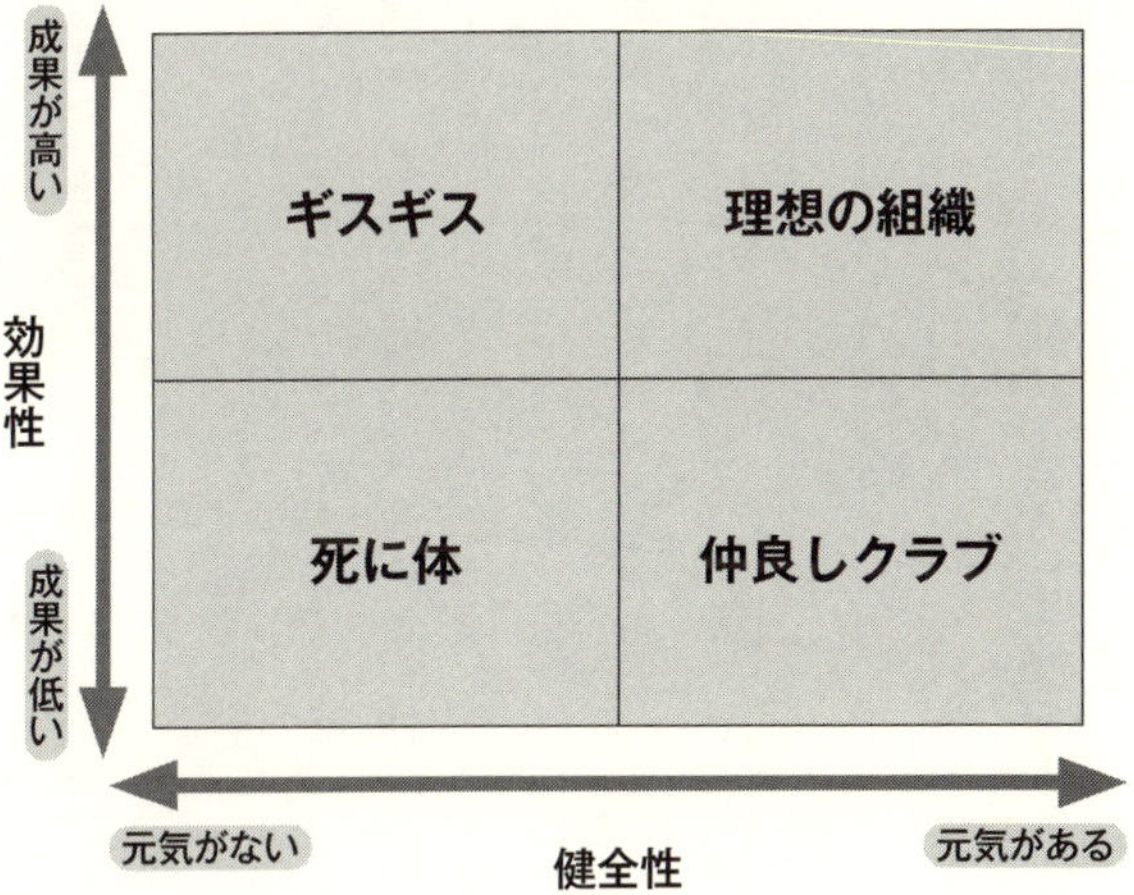


「効果性」が高いのがよい組織です。

そのために重要なのが、本書で言えば戦略やマーケティングです。間違った方向に全力で走ることほど間抜けな話はなく、正しい方向を見極める知恵が求められます。あわせて、それを効率的に達成するためのヒト・モノ・カネのマネジメントが欠かせません。平たく言えば、頭がよくなければいけないのです。

しかしながら、効果性ばかり追求し過ぎると、やらされ感一杯のギスギスした組織になって疲弊してしまいます。その典型が昨今取り沙汰されているブラック企業です。短期的にはよくても、長い目で見て組織が発展していきません。

もう一つ大切なのが、みんながイキイキと活動し、心の充足や幸福を勝ち取っていくことです。「健全性」、つまり心の健康が求められるわけです。

そこで登場するのが、リーダーシップ、チームビルディング、モチベーション、ラーニングといった、いわゆる「組織開発」の理論や手法です。戦略やマネジメントが上手くいくかどうかは、ここにかかっています。

逆に、こちらの面だけ強いと、仲良しクラブになって組織の目的が達成できません。どちらも重要であり、両方兼ね備えたのが理想の組織です。

これを、経営学では**成果／組織**というメタフレームでとらえます。

組織には、「成果を達成する機能」と、「組織を維持する機能」の2つが求められるという話です。成果を成長やコンテンツ、組織を成熟やプロセスと読み替えても同じです。

## ▼人は何のために働くのか？

このメタフレームはマネジメント（経営管理）論の発展の歴史に対応しています。

20世紀初頭に科学的管理法を提唱したF・テイラーは、最も仕事ができる人のやり方を標準にすることで、最大限の成果を目指しました。どれくらい標準を上回ったか（下回ったか）で報酬を増減すれば、「お金のために一所懸命に働くはず」だ、と考えたのです。これを「経済人モデル」と呼びます。

メタフレームで言えば成果面、すなわち組織としての効果性を重要視した考え方です。それをさらに発展させたのが官僚組織です。今では、この言葉を聞くと、「融通がきかない」「硬直化している」というイメージを持ちますが、元々は科学的で合理的な理想形の組織だったのです。

ところが、それに対して「人間的な側面がないがしろになっている」という批判が生まれるようになってきました。報酬でやる気を引き出すのではなく、「仲間と一緒にやっていきたい」「自分のやりたいことを追求したい」という欲求を満たすことが、組織の力を引き出すことにつながる、という考え方です。

それぞれ、「社会人モデル」や「自己実現モデル」と呼びます。メタフレームで言えば組織面を重視した理論です。

2つの考え方の前提を説明してくれるのが、D・マクレガーのX理論／Y理論です。

要するにX理論とは「人は、元来働くのが好きではなく、強制や命令しないと働かず、責任も取ろうとしない」と考える性悪説です。対するY理論とは「人は目的に向けて自ら進んで創意工夫をしながら働き、責任を引き受けようとする」と考える性善説です。

前者に立てば、成果面を優先する管理的なマネジメントになり、仕組み、制度、構造といったハードなアプローチが主体になります。後者では組織面に重きを置く人間的なマネジメントとなり、コミュニケーションやモチベーションといったソフトなアプローチに力点が置かれます。事例で取り上げたFさんは、前者で改革を進めてしまい、後者で育ってきたメンバーと、それこそ馬が合わなかったというわけです。

## ▼状況に応じてバランスを変える

実際には、人の気持ちはもっと複雑です。単純に報酬や自己実現だけで動く人はおらず、これらがミックスされて働く動機が生まれます。目標管理だけでも、飲み会だけでも人を動かすことはできません。

組織のマネジメントでは、成果と組織のバランスをどうとるかがマネジメントの妙となります。それも、時と場合によってバランス点が変わります。

たとえば、組織や社会が未成熟な段階では、基本的な仕事の仕方を覚えるために、ある程度は成果を優先したマネジメントをせざるをえません。ＰＤＣＡや報連相も大切であり、まずは成果をキッチリと出さないと組織が持ちません。

ところが、成熟した組織では、成果ばかり強要するのではなく、メンバーの主体性に委ねたほうが上手くいきます。本来持っているやる気や知恵を最大限に引き出すために、次章で紹介する組織開発のフレームワークを活用していきます。

創造性が要求される仕事かどうかもポイントとなります。効率を求める定型化された業務では成果面、創造性が要求される仕事では組織面を重視すべきだと言われています。報酬にしても、前者ではプラスに後者ではマイナスに作用する、という研究報告があります。

あるいは、環境変化が少ない安定的な事業であれば、成果を出すには計画して統制するのがよいやり方になります。逆に、環境変化が目まぐるしい事業では、計画はすぐに陳腐化しますので、素早く学習して対応する組織づくりが求められます。これが、キャリアデザインでも使われる、**計画**／**学習**のメタフレームです。

このように、置かれた環境に応じて組織のあり方やマネジメント方法が変わります。そう考えるのが「コンティンジェンシー理論」や「構造構成主義」です。戦略においても同じであり、いついかなる場合も通用する方法はなく、最適な手段は目的や状況に依存します。それに伴い、最適なフレームワークも変わってくるわけです。

## ▼120%働くための自律型マネジメント

両者を融合したのが、最近注目されている自律型のマネジメントです。

企業というと、売上や利益といった業績を上げることを第一義に考えがちです。そうではなく、従業員満足度を高めることをミッションにしている会社がたくさんあります。

大半は、飲食、娯楽、宿泊、流通といったサービス業か、顧客に応じてカスタマイズされた製品をつくるメーカーです。映画『日本一幸せな従業員をつくる!』にもなったホテルアソシア名古屋ターミナルや坂本光司著『日本でいちばん大切にしたい会社』(あさ出版)シリーズで紹介された未来工業やネッツトヨタ南国などが典型です。

なぜかと言えば、従業員満足度が上がれば、創意工夫によって顧客へのサービスが高まり、顧客満足度が上がるからです。それは必ず業績になって返ってきます。組織面を高めることで、成果面が上がるようなメカニズムが働いているからです。

中には、できる限り経営データをオープンにして、会社の方針や施策を社員に議論させているところもあります。自分たちの目標や施策を自分で決めてもらおうというのです。

そのかわり一旦自分たちで決めた以上、やれない理由はありません。あとは厳しくマネジメントして、やり抜くまでお尻を叩くことになります。そうやって、成果と組織を巧みに調和させているわけです。

「業務時間のうち15～20％を好きな研究に使ってよい」といったアングラ研究制度も同じです。３Ｍ社が元祖だと言われており、グーグルをはじめ多くの企業で同じような仕組みがあります。

これだけを見ると、社員の自主性という組織面を重視した仕組みのように思えますが、それだけでは上手くいきません。会社全体が成果に重きを置いているからこそ、自ら研究に打ち込もうと思うものです。

ちなみに、この仕組みを運用している会社のメンバーに尋ねたところ、業務80％＋自由20％ではなく、業務１００％＋自由20％の１２０％を働くことになってしまう、と苦笑していました。やはり成果面と組織面を巧みに融合させた例です。

さらに驚くのは、戦略も組織図も報連相もなく、給料も社員が決めるというブラジルのセムコ社です（Ｒ・セムラー『奇跡の経営』総合法令出版）。それでいて、急成長を遂げながら社員の離職率がゼロに近いというからビックリ。マネジメントすることが業績につながるという思い込みを打ち破ってくれます。

## 6-5 注目される新しいマネジメントのカタチ

### ▼経験から教訓を引き出すには

繰り返しになりますが、置かれた環境に応じて組織のあり方やマネジメントは変わります。環境は常に変化しますので、それに応じて変えていかなければ、組織は持ちません。変わり続けることが、組織を存続させる唯一の方法です。P・センゲが「学習する組織」と名づけた考え方です。

そのための手法が数多く提案されています。そんな中、マネジメントのツールとしてお勧めしたいのが「振り返り」(リフレクション)です。チームに定着させると、組織を持続的に発展させるのに大いに効果があります。

振り返りは反省会でもダメ出しでもありません。成功だろうが失敗だろうが、実際に起こった出来事から教訓(レッスン)を導き出し、次に向けての改善アクションを立案していくものです。「自分たちの何を変えていけばよいのか？」を、対話を通じて探究していくものであり、仕事に活かせる新たな知識や考え方を探す活動に他なりません。

たとえば、大きな事件や出来事が起こった後で、それを教材にしてチームのあり方やマネジメントを振り返る。半期ごとに職場全員で半期の仕事を振り返って、次期に向けてのチームの変革を考える。毎週のプロジェクト進捗会議といった場で、仕事の進め方を振り返る、といった使い方です。

必ずしも「やった後」だけではなく、「やっている最中」に振り返ることもできます。長い会議の途中で休憩を入れ、「ここまでの話し合いで感じたこと」を語り合うといったように。これを「リフレクション・イン・アクション」と呼びます。議論の水面下にある心理的な部分をオープンにするだけでも、以降の話し合いが大きく変わってきます。

## ▼フレームワークを駆使して効果的に振り返る

振り返りにも数多くのフレームワークがあります。マネジメントの色合いが濃いものと組織開発的なものが混じっており、ここでまとめて紹介しておきます。

一番シンプルなのが、良い点・悪い点を挙げるＰＭＤ（プラス点：Plus、マイナス点：

Minus、改善点：Delta）です。バリエーションとしてI Like／I Wishや2ストライク3ボールもあります。

「良いか悪いか」ではなく、「上手くいったかどうか」で振り返るやり方もあります。代表選手がKPT（上手くいったこと：Keep、上手くいかなかったこと：Problem、新しく始めること：Try）です。4－4で述べた目的論の考え方がベースになっています。同様なものに3S（維持：Stay、中止：Stop、開始：Start）や満足度マトリクス（続けたい、変えたい、新しく始めたい、感謝したい）などがあります。

もう少し踏み込んで振り返りをしたいときに使うのが、アメリカの軍隊でも用いられているAAR（アフター・アクション・レビュー）です。目的、事実、原因、方策の順で振り返りを進めていきます。体験学習のサイクル（体験、指摘、分析、概念化）を元につくられたものです。

さらに時間があるときは、会話／対話／議論を使います。互いの関係性を高める会話、本質を探究する対話、行動を変革するための議論の順番で話し合っていくのです。

これらは、目的に応じて使い分けるようにします。マネジメントを重視するのか、学習を重視するのかによって、使うフレームワークが変わってきます。

さらに状況の見極めも大切です。どれくらい時間があるのか、学習に対する意欲はどの程度か、ホンネで話せる関係にあるのかを考え、最適なツールを選ぶようにしましょう。

## ▼市場で競争するか、組織で協働するか？

今、組織のあり方が大きく変わろうとしているのをご存知でしょうか。

そもそも、複数の人々の間で、互いの利益や意思を調整する手段は、世の中に大きく2つあります。一つは市場（マーケット）です。需給バランスのようなメカニズムに従って資源の最適な配分が合理的になされます。

こちらを研究するのが経済学です。精緻な理論が組み立てられ、ほとんど数学の世界です。行動経済学の発展により、人々の感情までも取り込めるようになってきました。

もう一つが組織（チーム）です。本書で紹介しているようなさまざまな手段を駆使して、やはり資源の最適な配分を追求していきます。その際には、合理性だけではなく人間的な側面も考慮されます。

こちらを扱うのが経営学です。本書で述べているように、合理的な部分と非合理的な部分が混在しており、フレームワーク化という意味では道半ば。まだまだ検討すべき領域がたくさん残っています。

市場／組織は社会のメタフレームの一つです。競争／協働と読み替えてもらっても構いません。どちらもないと社会は思うように回っていきません。

## ▼ネットワークでイノベーションを起こそう！

加えて、最近ではどちらにもピッタリ当てはまらない、両方の性格をあわせ持つ新たなカタチが生まれてきました。それが「ネットワーク」です。自律分散型組織、バーチャル組織、コミュニティ型組織と呼ぶ人もいますが、組織と呼ぶには趣がかなり異なります。

典型的なのが「オープン・イノベーション」の取り組みです。

企業同士が連携をして新たな技術や商品を開発したり、プロジェクトに集まった見知らぬメンバーがアイデアを組み合わせ、革新的な商品・サービス・事業を生み出したり。

誰かが新しい商品のアイデアを思いつきネットで公開したところ、世界中のさまざまな人が面白がって改善を加えて……という話はTED（「NHKスーパープレゼンテーション」）でもよく出てきます。アイデアを、市場でも組織でもなく、ネットワークが育てたと言うしかありません。

最近流行りのシェアリング・ビジネスもそうです。たとえば、自分の車や家を他人に貸すコミュニティに参加している人たちは、市場原理で動いているとも言えますし、エコ社会をつくる活動の一員とも言えます。市場でも組織でもないからこそ成立するのです。

## ▼社会的な課題を解決する新たな試み

ビジネス以外の領域でもネットワークは注目の的です。

分かりやすい例を挙げると、「ふんばろう東日本支援プロジェクト」という日本最大級の支援の取り組みがあります。被災者のニーズとメンバーの思いのマッチングをネットワークという仕組みで解決したものです。

この他にも、行政組織が行っていた街の補修活動を市民のボランティア・ネットワークで進めたり、政治団体や市民団体ではなくＳＮＳでつながったネットワークが政治活動を行ったり。ネットワークは新しい社会的課題の解決のカタチとして注目を浴びています。

複雑化する問題に機敏に対応するには、メンバーや制度を固定化した組織では間に合わなくなってきています。かといって市場に委ねてしまうと、団結や協力が生まれません。このジレンマを解消する優れた方法がネットワークなわけです。

今までは、多様な知恵を集める手段がなく、ＩＴ技術の発達とインフラの普及により、ようやく実現が可能となりました。今この瞬間にも新たなネットワークが立ち上がり、イノベーションや社会的な課題の解決に向けて動き出しています。

一般的に、知恵を深化させるには組織、拡大させるにはネットワークが有利だと言われています。アイデアやイノベーションは異なる知恵の新たな組み合わせから生まれると言われており、だからこそ今ネットワークに注目が集まっているわけです。

残念なことに、ネットワークを動かすメカニズムや構造は複雑であり、「ネットワークをどうマネジメントしていくか？」の研究は始まったばかりです。フレームワーク化はほとんどなされていません。

そういう意味ではまさに経営学のフロンティアです。それこそ、世界中の知恵を結集する新たなネットワークが求められているのかもしれません。

# 第7章

# なぜ「GROWモデル」でやる気を引き出せないのか？

# 7-1 「組織開発」フレームワークとは

## ▼一人はみんなのため、みんなは一人のため

イキイキとしたチーム（組織）には2つのものが求められます。一つは、メンバー一人ひとりが「自律性」を発揮することです。

自律性とは、自分で考え自ら行動することです。

上司から言われたからやる、規則だからやる、与えられたことだけやる、というのでは自律的とは言えません。組織の目標達成に向けて、自らが何をすべきかを自分の頭で考え、積極的に行動していく。「言われなくてもやる」のが自律性です。

とはいえ、みんなが勝手気まま、てんでんバラバラに自律性を発揮されても困ります。もう一つ大切なのが「協働性」です。互いに力を合わせ、一枚岩となって行動することです。

そのためには、自分のことだけを考えていたのではいけません。相手のために何ができるか、みんなのために何をしなければいけないかを考え、チームの一員としてふさわしい行動を取らなければなりません。

かといって、戦前の日本社会のような〝滅私奉公〟では、組織の目標は達成できても個人は元気になりません。自律性と協働性が両立してはじめて活性化された組織ができあがります。まさに、ラグビーで言うところの「One for All, All for One」です。

ところがこれは「言うは易し行うは難し」です。自律性も協働性も自発的な意思で生まれるものです。考え方も価値観も違う人たちがいきなり集められて、「明日から協力し合うように」と言われてもその気になりません。

それに、組織は最大の成果を目指して、規則、役割、手順、制度といった、さまざまな決まり事をつくります。そうすると、いずれ決まり事を守ることが目的化してしまい、自律性も協働性も下がっていきます。いわゆる大企業病と呼ばれるものです。効率化と活性化がジレンマを起こしてしまうのです。

## ▼人と組織の力を最大限に引き出す

私たち日本人は、みんなに合わせるのが習わしとなっているため、人が集まれば組織になると勘違いしがちです。一般的にはその考えは通用せず、そんなやり方では組織は力を発揮できません。意図的、能動的、積極的に働きかけて、集団を組織へと育て上げなければなりません。

そのための活動が「組織開発」です。人材の多様化と問題の複雑化が進む中、組織の力を最大限に引き出すために欠かせない働きです。

この分野は、人や組織という合理的でないものを対象にするため、フレームワーク化が難しいところです。そんな中、ある程度定着したものをいくつか紹介しましょう。

そもそも組織にはC・バーナードの**3つの要素**（共通目標、貢献意欲、コミュニケーション）が必要だとされています。それが備わり、組織として機能していく過程を表したのが、考案者の名を冠した**タックマンモデル**（形成期：Forming、混乱期：Storming、統一期：Norming、機能期：Performing）です。中でも重要な要素は**MVV**（使命：Mission、将来像：Vision、価値：Value）の共有です。

組織は人の集まりであり、人の力をどのように引き出し、組み合わせていくかがチームづくりの妙です。そのために、**エニアグラム**をはじめとする、一人ひとりの個性をとらえるためのフレームワークや、**能力の3要素**（知識・情報、技術・技能、態度・行動）やR・カッツの**3つのスキル**（概念化能力：コンセプチュアル・スキル、対人関係力：ヒューマン・スキル、業務遂行能力：テクニカル・スキル）などの力量を見るフレームワークがあります。

組織開発で見逃せないのがモチベーションです。A・マズローの**欲求階層説**（生理的欲求、安全欲求、社会的欲求、自尊欲求、自己実現欲求）やF・ハーズバーグの**動機づけ要因／衛生要因論**をはじめ、さまざまな考え方が提唱されています。

リーダーシップに関しても、三隅二不二《みすみじゅうじ》の**PM理論**（課題達成機能：Performance、集団維持機能：Maintenance）やP・ハーシー&K・ブランチャードの**状況対応リーダーシップ**がよく知られており、いずれも新しいフレームワークが次々と生まれています。

人や組織の力を引き出すには、少なからず考え方や行動が変わらなければいけません。そのために必要なのが、コーチングやファシリテーションです。さらにダイナミックに組織全体を変えるには、J・コッターの**変革の8ステップ**やC・オットーシャーマーの**U理論**などがあります。

## 7-2 組織開発が思った通りに進まない

### ▼GROWモデルで行動変容を促す

おそらく、数ある組織開発の手法の中で、日本であまねく普及した手法の一つがコーチングではないかと思います。

コーチングとは、相手に指導や助言をするのではなく、対話を通じて自らの変容を促し、目標の達成を支援する働きです。「答えは相手の中にある」と信じて、質問を通じて気づかせるのが特徴です。

そこで用いるGROWモデルは、コーチングの代表的なフレームワークの一つです。次に述べる5つのステップを踏んで、相手を目標に向けての具体的な行動へと導いていきます。

たとえば、キャリアに悩む後輩がいたとしましょう。先輩としては、「5年後にどうな

**図7-1　GROWモデル**

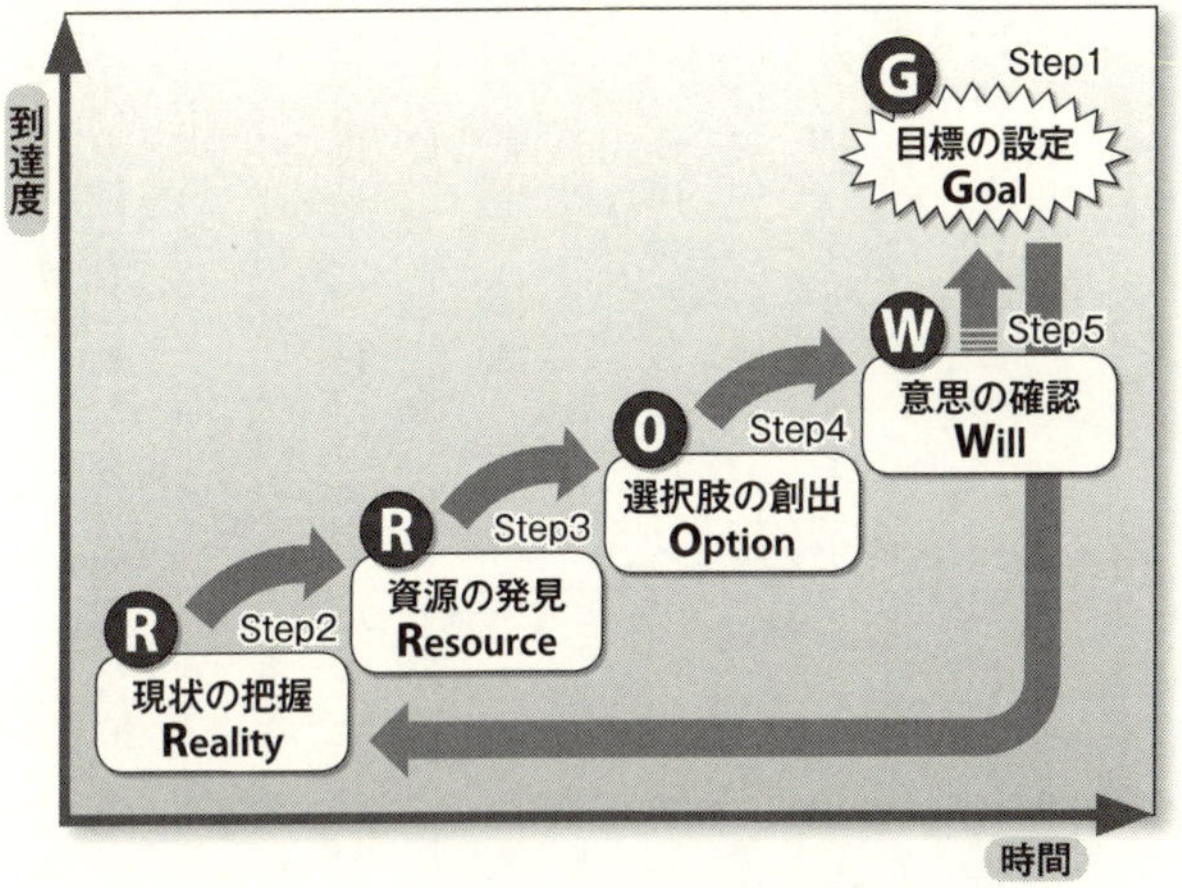


っていたい？」「何でもできるとしたら何をやりたい？」と尋ね、目標（Goal）の設定からコーチングを始めます。

そこから、現状（Reality）の把握、資源（Resource）の発見を経て、「どんな手が考えられる？」と選択肢（Option）のアイデアを求めます。最後に「いつまでにどれくらいやろうか？」と、具体的な行動に向けて意思（Will）の確認をします。チーム全体に対しても応用できますので、是非一度使ってみることをお勧めします。

### ▼指示待ち族の部下を何とかしたい

とはいえ、ＧＲＯＷモデルを万能薬だと思ってしまうと大変な目に遭います。ある失敗事例を元に、組織開発のフレームワークの使い方をお話ししていきましょう。

地方の市役所に勤めるG係長には一つの悩みがありました。最近、配下になった若いH君の仕事ぶりが思わしくないのです。

決められた自分の仕事を淡々とやるだけで、工夫もなければ他のメンバーと協力する姿勢もありません。行政改革が声高に叫ばれる今、そんなお役所仕事は通用しません。にもかかわらず、何を言っても〝暖簾《のれん》に腕押し〟です。

当然、査定では低い評価をつけざるをえないものの、本人は一向に気にせず「給料さえもらえればよい」と割り切っています。まだ若いのに、「使えない」「一緒に仕事したくない」という声があちこちから出ています。何とかしないと本人も周りも不幸です。

そんな矢先、G係長が受けたのがコーチング研修です。早速、一番目をかけている部下にGROWモデルを試したところ、結果は本人もビックリ。よくできる部下だったのですが、自分を見つめ直すことでさらに前向きに仕事に取り組むようになりました。「これならいける」と自信をつけ、問題のH君と就業後にコーチングのセッションを持つことにしました。

## ▼「別に」「特にありません」「分かりません」

ところが、〝取りつく島がない〟とはまさにこのことです。雑談をしたり、近況を語り合ったりして、入念に場を温めてから目標の設定の質問を繰り出したのに、そっけない返事ばかり返ってきます。

「5年後に自分がどうなっていたら嬉しいかな？」

「今のままでいいです」

「君が今一番達成したいと願うことって何だろう？」

「特にありません」

「もし、何でもできるとしたら、新たに何をやってみたい？」

「別に、何もしたくありません」

「……」

これでは前に進めません。仕方ないので、「少し考えておいてよ」と伝え、次週に仕切り直しをすることにしました。

その間に、コーチングの本を読みあさったG係長、作戦を変更することにしました。

「どんな成功体験があるか？」「どんな興味・関心を持っているか？」「何をしているときが楽しいか？」など、過去や現在の話をヒントに将来への夢や目標を引き出そうと考えました。

しかしながら、状況は一向に変わりません。何を尋ねても「別に」「特にありません」「分かりません」といった返事ばかりです。

「上司に言いたくないのかもしれない」と思って、H君と一番親しい先輩女性に代役をお願いしても代わりばえせず。ひょっとすると、みんなが言うように、本当に向上心や希望がないのかもしれません。

せっかくのGROWモデルも、スタートとなるGが見つからないとどうしようもありません。「コーチングでもダメなのか……」と途方に暮れるG係長でした。

# 7-3 フレームワーク界の日米摩擦

### ▼「アイ・ハブ・ア・ドリーム」から始まる国

これも忘れてはならないフレームワークの落とし穴の一つです。皆さんは、G係長がどこを間違えたか、お分かりになりましたでしょうか。

フレームワークの多くはアメリカで生まれたものです。考案者が意識する／しないにかかわらず、アメリカの文化が下敷きとなっています。まさに暗黙の前提です。

戦略やマーケティングの話なら、彼我の違いはそれほど大ごとにならないかもしれません。問題は人や組織がからむ場合です。日米では基本となる考え方が180度違うからです。

アメリカ生まれのGROWモデルの前提は「自立した個人」（個人主義）です。

自分の信念や主張をしっかりと持ち、自らが抱く夢や目標に向け、自分の才覚と努力でそれを勝ち取っていく。そんな人たちが、自由と成功を求めて世界中から集まっているのがアメリカです。

あらゆることが、有名なキング牧師の演説の中にある「アイ・ハブ・ア・ドリーム」から始まります。そのため、小さい頃から「何をやりたい？」「何になりたい？」と問われ続け、夢や目標がない人は考えられません。

そんな自立した多様な個人が、同じ目標を共有することで一つになるのが組織のあり方です。つまり、人も組織も社会も、ビジョンを掲げて邁進する（ビジョン・ドリブン）のが「アメリカン・ウェイ・オブ・ライフ」なわけです（最近、それに疲れた人が日本のオタク文化に惹かれているようですが……）。

### ▼「置かれた場所で咲きなさい」の国

対する、日本の前提は「協調する成員」（集団主義）です。

明治以降の近代化の過程でかなり変質したとはいえ、まだまだ欧米に比べれば集団の成員としての振る舞いが求められます。小さい頃から「迷惑をかけるな」「人様の役に立て」と言われ続け、夢や目標と言われてもピンときません。

与えられた役割を果たす中で、自分の本当にやりたいことに出会う。それが今なお多くの日本人の生き方です。こちらは「置かれた場所で咲きなさい」（渡辺和子）です。

そのため、個性を発揮することよりも、常に周りとの関係性を気遣い、「誰かの役に立ちたい」「自分に恥じない仕事をしたい」と考えます。ＭＶＶで言えば、ビジョンではなくて、バリュー（価値観・行動指針）を大切にします（バリュー・ドリブン）。

実際、各企業の経営理念に書かれた内容もバリューが中心となっています。価値や哲学を共有することで組織を束ねようとするのです。

日本では、キャリアデザイン教育がなかなか進まないのも同じ理由です。欧米式のビジョン・ドリブンのやり方が必ずしも日本の風土に合わないのです。

口では「夢を抱け」「個性を発揮せよ」と言いつつ、社会に出ると「余計なことを言わずにやれ」「空気を読め」と言われてしまう。あるときは「絆が大切」と言い、あるときは「自己責任だ」と言う。その結果、自分探しの路頭に迷う人を大量に生み出してしまったのが今日の日本の姿ではないでしょうか。

## ▼協力とCooperationは同じ意味？

アメリカ式と日本式は、どちらが正しいということはなく、単に違いがあるだけです。そのため、片方の文化でつくられたフレームワークがもう片方では通用するとは限りません。

それどころか、同じ言葉を使っても意味するものが同じとは限りません。

たとえば、チーム活動で大切なのは互いに協力し合うことです。英語ではCooperationと言います。ところが、協力とCooperationとは少し意味が違います。

日本語の協力とは、互いの垣根を越え、自己犠牲を厭わず、一つのことに向けて力を合わせる様を言います。かたやCooperationとは、個々に与えられた役割を目的やタイミングを合わせせて実施することで、成果を生み出していく様をイメージします。まさにCo（一緒に）＋Operation（作業する）です。日本のように役割を曖昧にしたり、他の人の領分に手出しをしたり、自己犠牲を強いられると違和感を覚えます。

もっと言えば、アメリカと日本では労働観がまるで違います。

勤勉は美徳であることは同じでも、「労働は苦役（罰）である」ところに始まるキリスト教の世界と、働くことは善であり、天皇でも稲作りをする日本では正反対。近年、ワークライフバランスが叫ばれるようになってきましたが、遊ぶために働く欧米人と、働くこと自体が生きがいである日本人とでは、意味するものが違って当然です。

フレームワークのほとんどはアメリカ直輸入であり、はじめて日本に紹介した翻訳者がなぜか第一人者と呼ばれます。原著が日本語で読めるのは有難いのですが、アメリカンフィルターがかかっていることを承知で読まないと、意味を取り違う恐れがあります。実践にあたっては、少なからず和魂洋才の知恵を働かせる必要が出てきます。

## 7-4 組織開発の2つのアプローチ

### ▼人を変えるか、関係を変えるか？

本章で覚えてほしいメタフレームが人／関係です。組織開発のフレームワークを用いる

## 図7-2　2つの組織観

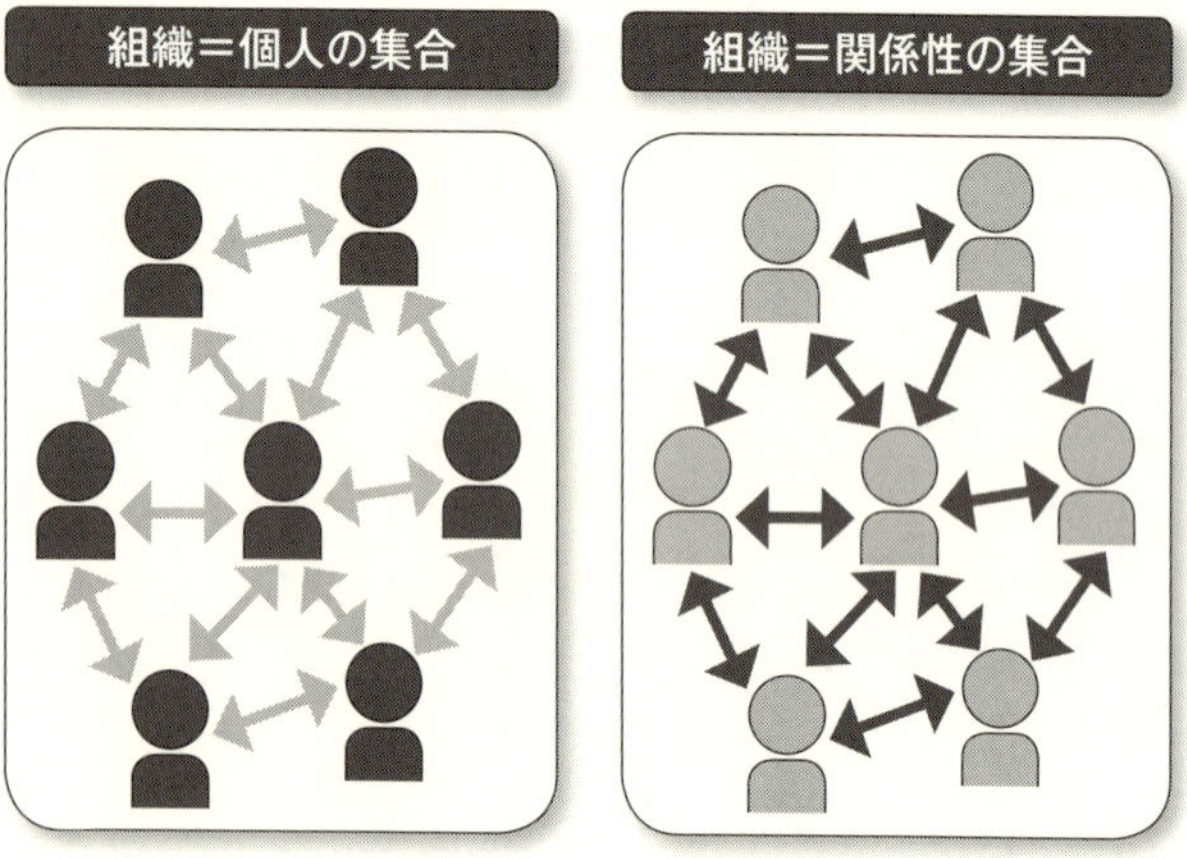


際にとても役に立つ考え方です。日米の違いをこれで説明し直してみましょう。

アメリカ流の個人主義の視点に立つと、チームとは自立した個人の集まりです。

個人が持つ能力ややる気を最大限に発揮させれば、組織は上手くいきます。そのためには、考え方や気持ちを変えたり、新たな能力を身につけさせたりすることが大切です。

「人を変えれば組織は変わる」と、人を起点にして考えるのが組織開発の基本的なアプローチとなります。これを「パーソナル・アプローチ」と呼びます。その代表的な手法がコーチングです。

一方、人が集まれば必ずそこには何らかの関係性（絆）が生まれます。組織とは、人と人が織りなす関係性の集まり（ネットワーク）であると考えることもできます。その良し悪しによって、どれだけ能力ややる気が発揮できるかが決まります。これを「ソーシャルキャピタル」（社会関係資本）と呼び、経営資源の一つとなります。

であれば、組織の能力を高めるには、互いの関わり方を高めることが大切になります。相互理解を促進したり、目標を共有したり、互いに貢献し合ったり……。

そうやって、「組織が変われば人が変わる」と、関係性を起点にして考えるのが「グループ・アプローチ」です。ファシリテーションが代表的な手法となります。

人／関係のメタフレームは、人材育成からチームづくりまで、あらゆる組織開発を実践するときに役立ちます。実際、サッカーやラグビーといったスポーツのチームにおいて、個人技に重きを置くところと、チームプレイで勝つことを考えるところがあるのも、ここに端を発しています。

### ▼ポジティブなメッセージを送り続ける

両者はコインの裏表に過ぎません。

人が変われば互いの関わりが変わり、関わりが変われば人が変わるからです。鶏が先か卵が先か、どちらからスタートするにせよ、両者の循環によって人も組織も変わってきます。どちらが正しいということはなく、適切に使い分けることです。

先のG係長の事例で言えば、H君にGROWモデルが通用しなかったのは、自立した個を持っていないからです。

コーチングは、やる気を〝引き出す〟方法であり、〝つくり出す〟方法ではありません。「相手の中に答えがある」と信じて、それに気づかせるのがコーチングであって、答えがない人には通用しません。

そんな人には、もう一つの関係性を軸にしたアプローチが効果的です。

H君は能力もやる気も持っている。それが発揮できていないのは周りとの関わりが上手くいっていないからだ。そう考えて、H君の心の中を変えるのではなく、上司や先輩がH君への関わり方を変えるのです。

興味・関心を持って接する、温かい働きかけをする、話を聴いてあげる、といったものです。チームの一員として尊重されているというメッセージを送り続けるのです。

中でも重要なのがポジティブな反応を返すことです。

偶然にでも積極的な姿勢を見せたときに、「さすが！」「すごい！」「やるな！」とすかさず反応を返して行動を強化します。ポジティブな反応がポジティブな感情を引き出す、行動分析学で用いられる動機づけのアプローチです。

そうすることで、本人の心の中にやる気の種が芽生えてきます。ここでようやくGROWモデルが使えるようになってきます。そうやって、2つのアプローチを自在に組み合わせていくのが組織開発フレームワークの適切な使い方なのです。

## ▼自分は頑張っている、他人はサボっている

前章で述べたように、大きな組織を効率的に動かすには役割分担が欠かせません。そうすると必ず役割同士で壁ができて、自分のことしか考えなくなり、全体最適が疎かになります。3－3で述べた部分／全体のメタフレームです。

そんなときも私たちは人を変えようとします。「誰が悪いのか？」「どこの部署が協力的でないのか？」と犯人を探して、そこにメスを入れます。別の人に交代させるか、相手の行動や考え方を変えようとするのです。

しかしながら、優秀な人材は限られており、すぐに代わりは見つかりません。どんな権威や権力を使っても他人が他人を変えるのは大変です。

そんなことをしなくても、今いる人の関わり方を変えるだけでチーム力は飛躍的に向上します。「One for All, All for One」を実現するような仕掛けをつくればよいのです。

その土台となるのが相互理解です。役割同士でコミュニケーションをしっかりとり、互いの考え方や感情を分かち合うことです。相手がどんな知識や能力を持っているかを知ることです。さらに、MVVをはじめとする仕事の意味を共有することが大切です。

その上で、リーダーは目標だけ指示し、具体的なやり方については役割同士で話し合って決めるようにします。ただし、「自分は自分、他人は他人」とならないよう、「自分は相手に何が貢献できるか?」「互いに協力することで何が可能となるか?」を考えて。

あわせて、普段のコミュニケーションを通じて協力行動を歓迎する組織風土をつくるとともに、評価制度もそれに合ったものに変えなければいけません。そうすれば、一人ひとりが全体最適な視点でチームの一員として貢献できるようになります。

## ▼マイナスの関係をプラスの関係へ

実際にこのやり方は、パーソナル・アプローチが主体のアメリカでも実績を上げています。しかも、コマンド&コントロールの権化である軍隊で成功したというから驚きです。

M・アブラショフ著『アメリカ海軍に学ぶ「最強のチーム」のつくり方』（三笠書房）には、「海軍で一番下のダメ軍艦」を全米一と評価されるほど優秀な艦に立て直した様が描かれています。しかも、たった半年で。まさに原題「It's Your Ship」の通り、艦で働く300人全員が艦長のように振る舞い、協力し合う組織をつくる感動の物語です。組織開発に興味のある方は一読されることをお勧めします。

部分／全体のジレンマ（3－3）を解消するには、部分同士の関係性が鍵を握っています。「自分はよくやっている」「全体が上手くいかないのは相手のせい」と考え出すと、責任を他人に転嫁し合う悪循環の構造ができあがってしまいます。

そうではなく、「自分は相手に貢献する」「相手から自分は貢献される」という相互乗り入れをすれば、良循環の構造に変わっていきます。ラグビーに限らず、集団スポーツのチームはすべてそうなっていますし、そうでなければ勝てません。

個人が集団を育て、集団が個人を育てる。2つのアプローチのよい循環をつくることが、チームの力を引き出すセオリーなわけです。

## 7-5 ダイナミックな組織をつくろう！

### ▼世の中は要素還元主義で成り立っている

この話をさらに一般化して、問題解決という視点で考えてみましょう。

私たちは、複雑な問題を目の前にしたときに、要素に分けて考えようとします。そのほうが扱う対象が小粒になって考えやすいからです。

4－2で述べたロジックツリーが典型です。レストランの売上が上がらないときに、客数が減っているのか、客単価が下がっているのか。客数だとしたら、新規顧客が減っているのか、リピーターが減っているのか。どんどん要素に分解していって、起こっていることの本質を把握しようとします。

これはビジネスに限らず、社会のありとあらゆることに対してなされる作業です。中でも自然科学は物事を要素に分解することで発展してきました。

複雑な物事も、それを構成する要素に分解して考えれば全体が理解できる。そのことから「要素還元主義」と呼びます。私たちの社会の中心的な考え方です。

本書で紹介したフレームワークも大元にあるのはこの考え方です。そのため、フレームワークと言うと、重要な因子を３つか４つリストアップしたカタチになるのです。

## ▼相互作用が問題の鍵を握っている

ところが、要素を見ることが全体につながるかと言えば、必ずしもそうとも言えません。要素同士のつながりによって要素の振る舞いが大きく影響を受けるからです。

それどころか、要素同士の相互作用やシステム的な振る舞いが成否を決めていることが少なくありません。要素同士の相互作用にこそ物事の本質があるとも考えられます。

たとえば、日本で財政赤字がこんなにも膨らんでいるのに、なぜ放置されているのでしょうか。歳出と歳入に……と要素に分けて分析して済むのなら、とっくに解決されているはず。だからといって、政治家、行政、国民、経済学者と利害関係者別に要素に分解しても問題の正体は見えてきません。

それは、個々の要素もさることながら、問題は要素同士のつながり、すなわち相互作用やそれが織りなす構造が問題だからです。

残念ながら、日本全体の財政赤字を生み出す構造を変えない限り、この問題は解決がつきません。環境、経済、外交など、世の中の複雑な問題はすべてこのパターンになっています。いくら要素に分けて考えても埒があかず、相互作用や構造をどう変えていくか、それが問題を解決する鍵となります。

つまり、問題を解決するのに、各々の要素に着目するのか、要素同士の関係、すなわち相互作用や構造に着目するのか、2通りの考え方があるわけです。これが**要素／相互作用**のメタフレームです。

### ▼予期せぬことを起こるべくして起こす

20世紀に入り、このような要素同士の相互作用に着目してつくられた考え方がたくさん生まれてきました。自然科学では「複雑系の科学」、社会科学では「社会構成主義」、組織開発では「システム思考」と呼びます。

それぞれ意味するところは違うものの、物事の本質を要素ではなく、相互作用に置いたところに共通点があります。今なお研究が盛んなホットな分野であり、新たな考え方が次々と生まれています。それは単に問題を解決するためではなく、イノベーションを生み出すのに活用できるからです。

つながりをどんどん高めていくと、一種の共振現象が起き、予期しない状況になることがあります。時には、部分の足し合わせを超えた予想もつかないものが予期せず生まれます。「創発」と呼ばれる現象です。

たとえば、組織開発の手法の一つにインプロ（即興）があります。メンバーの波長が合い出すと互いの波が増幅され、思いもつかない台詞《せりふ》が飛び出したり、想定外の感動的なシーンが生まれたりします。音楽やダンスで「グルーブ」と呼ばれる現象です。チームスポーツやワークショップ、プロジェクト活動でも起こります。

2－4で述べた起死回生の逆転劇が起こり、飛ぶ鳥落とす勢いで市場を席巻する様は、創発が起こった可能性が高いです。「東洋の奇跡」と呼ばれた戦後日本の驚異的な復興や、次々と民主的な政権が生まれた「アラブの春」のドミノ現象も、創発のなせる業だと言ってもよいでしょう。

残念ながら、こうやれば必ず創発が起こせるというフレームワークはありません。分かっているのは、部分が常にチャネルをオープンにして、活発に他と関わっていかないと起きないということです。それぞれが自律性を発揮しつつ、活発な相互作用を展開したときに創発が生まれてきます。

分かりやすいのが、下級武士たちが活躍した幕末です。各藩の異能の才が全国的なネットワークをつくり、活発に交流したことが明治維新という創発を生み出しました。

ビジネス活動においても、要素に分解して管理するだけではなく、イノベーションを目指して予期せぬことを起こるべくして起こす。そんなダイナミックな組織づくりが今、求められているのではないでしょうか。

# 第8章

# 本当に使える！
# フレームワーク活用術

# 8-1 誰も言い出せない不都合な真実

## ▼頭に入れておきたいフレームワーク事情

　ここまで、戦略、マーケティング、問題解決、意思決定、マネジメント、組織開発で用いる代表的なフレームワークを100種類あまり紹介し、共通して陥りやすい落とし穴を失敗事例とともに解説してきました。

　あわせて、十数個のメタフレームを使って、私たちが抱える問題の中にはビジネス・フレームワークで対処できるケースとできないケースがあることを述べてきました。さらに後者については解決の糸口を紹介してきました。

　普段、何気なく使っているフレームワークにもいろいろな前提や背景があることを感じ取っていただけたでしょうか。それと同時に、似たような話があちこちに出てくることにお気づきになられましたか。すべてが今から述べることの伏線となっています。

図8-1　メタフレーム

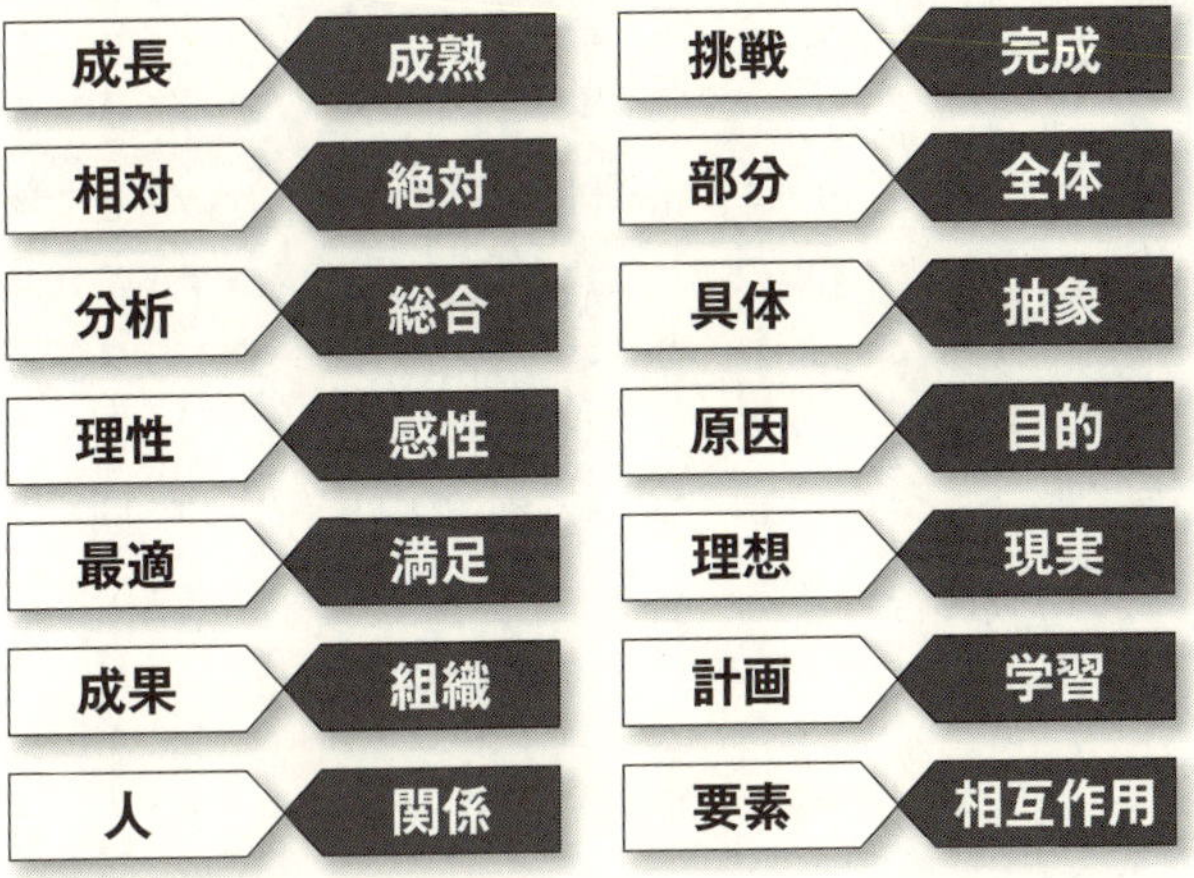

| 成長 | 成熟 |
| --- | --- |
| 相対 | 絶対 |
| 分析 | 総合 |
| 理性 | 感性 |
| 最適 | 満足 |
| 成果 | 組織 |
| 人 | 関係 |

| 挑戦 | 完成 |
| --- | --- |
| 部分 | 全体 |
| 具体 | 抽象 |
| 原因 | 目的 |
| 理想 | 現実 |
| 計画 | 学習 |
| 要素 | 相互作用 |

「お腹一杯」「もうたくさん」という方が多いかもしれませんが、フレームワークを用いる際に忘れてはならない大切な話を、最後にまとめておきたいと思います。これこそ、フレームワークを学ぶ上で土台となるものです。

### ▼MBAと企業の業績は関係ない？

繰り返しになりますが、フレームワークは、難解な経営学の理論のエッセンスを取り出し、誰でも使えるように単純化したものです。あるいは、経営コンサルタントが問題解決に用いる思考法を広く一般に使えるようツール化したものです。

その一番の使い手と言えば、ＭＢＡホルダ

ー（経営学修士課程修了者）に代表される、経営手法を習得した人たちです。次から次へと発生するビジネスの難問を、フレームワークを駆使しながら解決に導いていきます。フレームワークなしに仕事はできない、といっても過言ではありません。

だったら、いっそのことそんな人たちに会社の経営を任せたら、理想的な経営ができるのではないでしょうか。

フレームワークを使うのに欠かせない論理思考も定量分析もできますし、本書で述べたようなフレームワークの落とし穴にはまることもないはずです。経営トップともなれば自分の意思で判断ができます。

この話が正しいとしたら、ＭＢＡホルダーが経営トップについている企業とそうでない会社の業績を比べれば、前者が高いはずです。そうでなければ、何のために経営学を学んだのか分かりません。

ところが、そんな論文や報告は、少なくとも私は見たことがありません。あるのは「統計的に有意な差が見つからなかった」という調査結果ばかりです（皮肉にも、ＭＢＡホルダーの給料が高いまたは出世が早いというデータはあります）。

経営トップがＭＢＡホルダーなのに業績が低い企業もあれば、ホルダーではないのに高い業績を上げる企業もあります。フレームワークを熟知している社長だからといって、成功するとは限らないようです（そもそも、フレームワークは役に立たないと思って、使っていないのかもしれませんが……）。

別段驚くほどの話ではなく、ここまで読み進めた方なら理由がすぐに見つかるはずです。お分かりになりますか。言い換えると、フレームワークが本来的に持っている限界です。

## ▼幸せになる秘訣を見つけ出すには

フレームワークは、ビジネス活動を進める上での思考や行動をモデル化（一般化）したものであり、現実を分かりやすく単純化した説明（記述）です。それらは、どうやって考え出されたものでしょうか。

よくあるのは、ある企業の事例を元に「AならBである」という仮説を立て、それがなぜ起こるのかメカニズムを分析します。その上で、膨大な事例を集めて統計的な解析を施し、普遍的な法則（原理）として成り立つかを検証します。それを実践者が使いやすいよう単純なモデルとしてツール化したのがフレームワークです。

図8-2　幸福を巡る因果関係

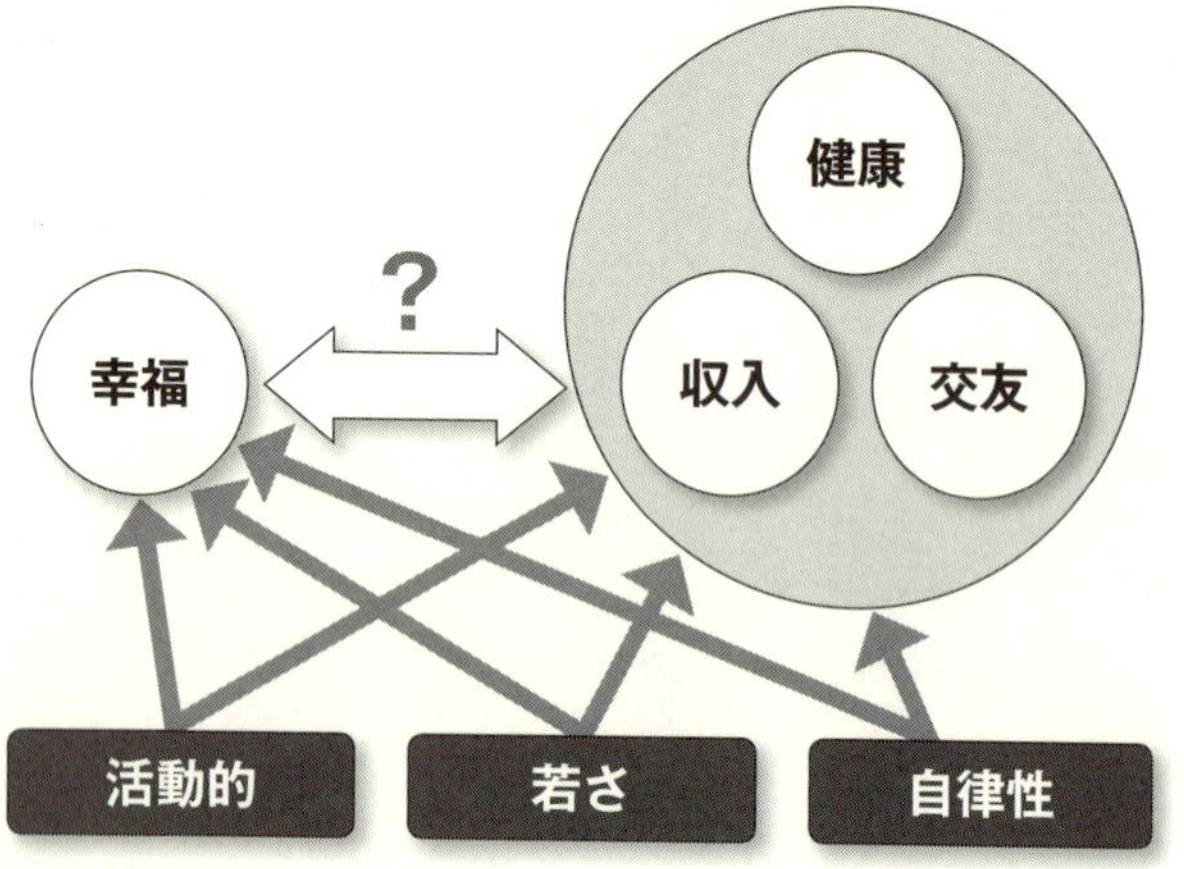


基本的な様式としては、「幸福感に関する調査によると、①健康で、②安定した収入があり、③豊かな交友関係を持っていることが幸せになる秘訣であることが分かった」といったものと大差ありません。分かりやすくするためにこちらで説明を進めることにします。

よく勘違いする人がいるのですが、この種のやり方で発見できるのは、あくまでも相関関係です。「幸福な人に健康な人が多く、不幸な人に不健康な人が多い」です。相関関係が見つかっても、因果関係を特定する、すなわち幸福の真因を見つけ出すことは簡単ではありません。

たとえば、幸福な人は心も体も健康だと感

じやすいのかもしれず、どちらが原因でどちらが結果なのでしょうか。ひょっとすると、幸福とは心身共に健康な状態を指すのかもしれず、同義反復（トートロジー）になっている恐れもあります。

### ▼エクセレントカンパニーも倒産する？

仮にそこは間違えないとしても、隠れた因子の可能性を排除できないのが頭の痛いところです。

一例を挙げると、3つの条件を満たす人ならば、毎日アクティブに生活されているはず。それが幸福の真の原因かもしれません。また、活動的であるためには若さがあったほうがよく、単に若いというだけで幸福を感じるのかもしれません

こんな風に考えると、隠れた要因がいくらでも挙げられます。それらを完全にコントロールして調査しないと、何を調べているのか分からなくなります。ビジネス・フレームワークでもまったく同じことが言えます。

さらに、「収入が安定していると健康になりやすい」「健康だと交友関係が増える」といったように、それぞれの要因がからみ合ってくると話がややこしくなります。

本質的にどれとどれに因果関係があるのか、何が決定的な要因かを見極めるのは至難の業です。科学の実験のような調べ方ができず、いくらデータを増やしても変わりありません。最後は「経験的に幸福の秘訣を洞察した」と言うしかありません。

どうしても因果関係を確かめたければ、3つの条件を満たす人が将来も幸福であり続けられるかを調べる、という方法があります。これなら因果関係の有無がある程度は推定できます。

そこで、ビジネス分野での有名な事例を一つ紹介しましょう。かつて一世を風靡したT・ピーターズ&R・ウォータマンの『エクセレントカンパニー』（講談社）という本があります。驚異的な業績を上げる企業を分析して8つの成功要因を導き出したものです。出版当時は大ベストセラーとなり、今なお座右の書に挙げる経営者がいます。

問題はその後です。同書でエクセレントと称えられた企業の多くは、市場平均以下の収益しか上げられず、倒産、吸収合併、リストラに陥る会社が続出しました。こうなってくると、本当に8つの要因に因果関係があったのか疑わしくなります。

もちろん、途中で8つの要因を満たさなくなったからダメになったかもしれず、環境変化によってこれ以外の要因が求められるようになったのかもしれません。変数を変えて実験するわけにはいかず、都合のよい説明がいくらでもできてしまうのです。

## 8-2 世の中はフレームワークほど単純じゃない

### ▼細かい話には目をつぶるしかない

先ほどの幸福の話に戻ります。仮に、3つの要因と幸福に因果関係があることが証明されたとしましょう。であれば、健康に気をつけ、生活を安定させ、交友関係を豊かにしたら幸福になれるでしょうか。

残念ながら、幸福に3つの要因が欠かせないとしても、3つの要因を満たせば幸福になれるとは言えません。いわゆる、「逆必ずしも真ならず」です。実際に、3つを満たしておきながら幸福でない人が山ほどいます。

これらの要因が必要だとしても、ヌケモレがあって十分でないかもしれないからです。

「家族を持っている」「ポジティブである」「社会との関わりがある」といった要因が幸福度に少なからず影響を与えているかもしれません。取りこぼしがあると、それが元で不幸と感じる恐れがあります。

そう言うと、「幸福はそうかもしれないが、フレームワークはMECEだから問題ないはず」と反論が飛んできそうです。確かに1－1でそのような説明をしました。

しかしながら、MECEというのはコンサルタント用語であって学術用語ではありません。仕事をする上で、大きな支障が出ない範囲で、重要なものだけでもザックリと「モレなくダブリなく」という意味です。

フレームワークは経営学の理論を単純化したものだ、という話を思い出してください。単純化ですから、細かいところは目をつぶってそぎ落としてあります。

たとえば、環境分析のフレームワークの一つに3Cがあります。顧客、競合、自社の利害関係者の視点で企業を取り巻く状況を分析しようというものです。

ところが、顧客、競合、自社以外にも利害関係者はたくさんいます。株主、提携先、政府（行政）、業界団体、労働組合といったように。これらの動向をすべて調べ尽くさないと、正確な環境分析はできません。

それでは手間がかかり過ぎますし、リストアップするだけでも大変です。重要なものに集中すれば、おおよそ全体がカバーできるだろう。そういう割り切りを入れて3Cに絞っているわけです。そのせいで、「提携先が突然契約を破棄した！」「まさか政府が規制を強化するとは！」「しまった、組合対策を忘れていた！」といった失敗が後を絶ちません。

5Fにしても、今の時代に合っているかと言えば、疑問があります。IT業界で言えば、業界標準（プラットフォーム）を押さえている企業や機関の影響は大きなものがあります。一般的に重要な5つで代表させているため、業界によっては必ずしも十分とは言えないのです。

### ▼何がどう転ぶか事前に予測できない

つまり、厳密に言えば、フレームワークには必ずヌケモレがあります。

嘘だと思う方は、本書で述べたフレームワークをもう一度見て、意地悪くモレやダブリを指摘してみてください。必ず見つかりますから。

実際、ヌケモレをなくそうと、フレームワークは複雑化する傾向にあります。

3Cが4C（Channel もしくは Co-operator）に、4Pが5P（Package もしくは People）

や7P（Personnel、Process、Physical evidence）に発展したように。経営資源の3M（ヒト、モノ、カネ）にも情報、知的資産（技術やブランド）、社会関係資本が加わり、増える一方です。どう見てもMECEにしか思えないプロコン表ですら、興味ある点をつけ加えたPMIや、疑問点や不明点を追加したPMIQがあります。

言い換えると、フレームワークには何らかの「割り切り」が入っています。それなりに合理的につくられていますが、完全に合理的ではありません。

単純な問題であれば、上位20％が全体の80％を占めるパレートの法則が働くので、割り切っても大きな支障は出ません。ところが、ビジネスをはじめとする社会的な活動は、いろいろな要因がからむ複雑系の世界です。

たとえ割り切ったのが瑣末《さまつ》な要因であったとしても、他の要因に何らかの影響を与えます。それが波及して別の要因に作用していきます。要因同士が複雑にからみ合っているために、どのように影響が広がっていくか予想がつきません。わずかな差異や平均からのズレがとんでもない差を生む「バタフライ効果」が生まれます。

しかも、そこに自分たちではコントロールできない要素もからんできます。運や巡り合わせといった偶然の要素です。顧客や競合の動きも完全には予測できず、想定外が必ず起こります。

そうなってくると、どんなに些細《ささい》な要因でも、全体に対して大きな力を持つ恐れがあります。結局、何が重要で何が瑣末かは事前に予測できないのです。

## ▼トヨタ方式を導入してもトヨタにはなれない

そこを無理やり過去の経験を元に要因を絞ったのがフレームワークです。残念ながら絞り込まれた要素が絶対的に重要であることを合理的には説明できません。「相互作用を考慮せず」「他と見比べて」「一般（平均）的に」と言うしかありません。言い方を変えれば、客観的に重要なのではなく、主観的に重要だと判断しているのに過ぎないのです。

理想的には、細かい要因も含めすべて洗い出し、要因同士の相互関係も全部考慮しないと全体を舵《かじ》取りできません。そんなことは不可能ですし、それを可能にするツールをつくったところで複雑過ぎて使い物になりません。

フレームワークとは、いわばバッサリと割り切って考えるためのツールです。自ずとそこには限界があります。現象が複雑になればなるほど限界が露呈してきます。

たとえば、世界中がトヨタ方式を学んでもトヨタと同様の利益率を達成するところはどこともありません。トヨタの仕事術が複雑系であるなら、完璧に細部までトヨタの振る舞いを真似しないと期待する成果は得られないからです。

そのために欠かせないのが、豊田綱領と呼ばれるトヨタの経営理念です。あそこまでカイゼンを徹底的にやり続ける企業文化です。それがあってはじめてトヨタ方式が生きてきます。

割り切ってトヨタのフレームワークをカタチだけコピーしたところで、何も真似したことにならないのです。まさに「神は細部に宿る」です。

## ▼経営者とコンサルタントの不毛な対立

とはいえ、ビジネスは学問ではないので、完璧を求める必要は必ずしもありません。ビジネスにリスクはつきものであり、スピードが命。ある程度正しい答えであれば、とりあえずやってみるというのも一つの手です。ザックリとした正解が見つかればそれで十分です。

ところが、もう一つ大切な話があります。合理性が高くても実効性が高いとは限らないことです。

たとえば、中小企業の経営者が、経営コンサルタントを「肝心なときに来ん（コン）」「都合が悪くなったら去る（サル）」「そのくせ、たんと（タント）報酬を要求する」と揶揄《やゆ》することがあります。そのときに、セットで必ず出てくるのが「コンサルは当たり前のことしか言わない」という台詞です。

経営者が期待しているのは合理的な提案ばかりではありません。それも重要ですが、結局誰が見ても理解できる当たり前の話にしかなりません。わざわざ高いコンサル料を払って説教されなくても分かっている話です。

定石を押さえた上で、みんなが奮起する実効性の高い提案を期待しているわけです。経営者の思い、企業文化、社員の能力ややる気、タブーなどいろいろな制約条件を考慮して、最も効果と実現性の高いアイデアを。そのために高額の費用を払っているのです。ところがコンサルタント側にしてみれば、「その前に、当たり前のことを当たり前にやれよ」となります。戦略フレームワークのところで述べた話です。

経営の合理性を高めるためにコンサルティングをしているのであり、「合理性を超えた提案をしろ」というのは土台無茶な話です。第一、会社の事情を知らないコンサルタントには無理です。対価とも見合いません。ここに、合理性か実効性か、経営者とコンサルタントの不毛な対立があるのです。

この話は、経営トップと社員の間でも起こります。社員が「ウチの会社には戦略がない」とぼやくのは、「売上を増やせ」「コストを下げろ」と当たり前のことしか言わないからです。合理的な戦略であっても、現場が期待する実効性とギャップがあるわけです。

## ▼ビジネスは実効性が成否を分ける

合理的な答えだからといって、実効性が高いとは限りません。意思決定やマネジメントのフレームワークで述べたように、解決策を実行するのは人間であり、人間の振る舞いによって成果が変わってくるからです。

人は必ずしも合理的ではなく、意思、感情、価値、関心、興味などによって判断や行動が大きく左右されます。いくら合理的な答えであっても、誰もやる気を持って実行しなければ成果はおぼつかないです。

時には、合理性の追求を緩めて実効性を重要視したほうが、成果を上げるためには正しい選択となります。非合理な考えであっても実効性が見込めるならチャレンジしたほうがよいかもしれません。

実際に、多くの会社では経営方針の変更や重要な施策は（レベルはいろいろですが）現場とすり合わせをやります。現場の意見も聞いた上で最終決定をしようとします。そのほうが、納得感が得やすく実効性が高くなるからです。

フレームワークはあくまでも合理性を高めるものです。そのほうが成功する可能性は高まり、支持を得られやすくなります。

ところが、合理性は必要条件であり、それだけでは十分ではありません。

実際、「戦略は正しかったが実行がまずかった」という言い訳めいた話が巷にあふれ返っています。最終的に成果を決めるのは実効性であり、つきつめれば実行メンバー一人ひとりの心の問題になります。もはやフレームワークでは対処しきれない世界であり、私たちの知恵と努力にかかっています。

# 8-3 ビジネスの不確実性を減らそう

## ▼フレームワークの3つの限界

ここまでを軽くまとめておきます。要は、フレームワークには本来的に3つの限界があるわけです。

1つ目に、現実の世界から導き出されたフレームワークは、因果関係を完全に証明するのが難しいと言わざるをえません。「因果関係の限界」があります。

2つ目に、フレームワークは割り切りの入ったツールであり、複雑な問題に対して完璧な結論が得られるとは限りません。「合理性の限界」です。

3つ目に、フレームワークを用いたとしても、実効が伴わないと成果は期待できません。「実効性の限界」と呼ぶことにします。

つまり、フレームワークに、同じやり方をすれば同じ結果が出るという再現性は期待できないのです。複雑な要因を完全に統制して実験するわけにもいかず、検証性もありません。もちろん、いついかなる場合も通用するという普遍性はありません。科学（サイエンス）という点では、まだまだ発展途上だと言わざるをえません。とどのつまり、フレームワークの効果効用については「あなた次第です」としか言いようがないのです。

最後になってこんな話を述べると、「何だ、使えないのか」「だったら、最初から言えよ」とガッカリされた方がいらっしゃるかもしれません。私の意図はまったく逆です。だからこそ、「どんどん使っていきましょう！」です。正しい目的と使い方で。

## ▼戦略を駆使しても半分しか効かない

繰り返し述べているように、ビジネスは予想不可能な複雑な活動です。経営学を身につけたからといって企業の業績が確実に上がる保証もなく、経営理論を駆使しても上手くいくとは限りません。

言い換えれば、そういった「不確実性」こそがビジネスの大敵です。不確実なビジネス活動をできるだけ確実に進めたい。環境変化から素早く学習して次のアクションを効率的に考え出したい。それが、フレームワークが持つ意味です。

たとえば、こんな研究報告があります。R・ルメルトほか何人かの学者が膨大な企業を調べ、「企業の業績が何によって決まるのか？」を統計的に導き出しました。結果は学者によってバラツキがあるのですが、概《おおむ》ね10～20％が「どの業界に属しているか」で決まり、40～50％が「企業の戦略や特性による」と言うのです。

言い換えると、残り半分程度は合理的に説明できないわけです。運不運、巡り合わせ、偶然の出来事、予見できない動き、想定外の事態といった不確実性が企業の業績を大きく左右していることになります。

これを聞いて皆さんはどう思われますか。

「なんだ、フレームワークを駆使しても、その程度なのか」と思われる方もいらっしゃるかもしれません。私はそう思いません。肌感覚としては、「半分もあったのか……」という印象です。「企業努力によってこんなにも不確実性を下げられるなら、これほど素晴らしいことはない！」です。

## ▼不確実性に挑戦する経営学

不確実で不透明な時代だからこそ、不確実性をコントロールすることがビジネスの大きな課題になってきます。

多くの経営学者がビジネスの真理を探究しているのは、不確実性に挑戦していることに他なりません。経営者やコンサルタントにしても、ビジネスの成功確率を高めようと日夜努力しているのです。

複雑なビジネス活動においてリスクはつきものであり、１００％確実な方法なんてあるわけがありません。そんなものを最初から期待すること自体間違っており、錬金術を探しても徒労に終わってしまいます。

ビジネス活動は、どうしても確率や偶然に大きく影響を受けます。そんな中、半分どころかわずか１％でも不確実性が減らせれば、こんなに有難い話はありません。

他社よりも１％でも不確実性を減らすことで、競争で優位に立てるかもしれません。やってみなければ分からない新しい挑戦の不確実性が１％でも下がれば、効率的にイノベーションが進められます。そう考えるほうがよほど合理的ではないでしょうか。

確かに、広範なビジネス活動の中でフレームワークが威力を発揮する範囲は限られています。それだけで首尾よく事が進むとは限りません。

しかしながら、ビジネスの大敵である不確実性を減らすことは、成果に確実に貢献してくれます。使えば使うほど不確実性は下がり、効率も上がれば優位性も高まります。

それに、考えてもみてください。経営学はとても若い学問であり、本書で取り上げたフレームワークはここ数十年の間に開発されたものばかりです。人類の英知を結集して、暗闇の中で手探りでやっていたビジネス活動に、ようやく手掛かりを見つけたわけです。それを使わない手はどこにもありません。

## ▼「伝家の宝刀」か、「猫に小判」か？

フレームワークをはじめとするビジネススキルにも、マーケティングフレームワークの一つ、ライフサイクル理論が当てはまります。

一つの手法が世間で注目を集め始める頃には、それを熟知した革新者や初期導入者が実践して、「これは使える！」と有効性を明らかにしていきます。

本当は、手法やスキルの威力ばかりではなく、レベルの高い人が使うから成果が出るわけです。フレームワークにおいても、その意図を的確に読み解き、高い問題解決力が備わった人が正しい使い方をするからこそ威力を発揮します。

ところが、成熟期に入ると、「使えるらしいぞ」「え、知らないの？」という声につられて、多くの人が見よう見真似でやろうとします（あるいは無理にやらされます）。誤った使い方をする人や、ベースとなる思考力やコミュニケーション力が不足する人がどうしても増えてしまいます。

その結果、期待したような成果が出ず、困ったことにそれを手法のせいにしてしまいます。「使えない」「役に立たない」「もう古いよ」という評価が広まり、衰退期に入ることになります。

そうすると、似たような手法やツールが新しい装いをまとって登場し、新たな革新者の注目を浴びます。その繰り返しがビジネススキルの世界の栄枯盛衰なわけです。

フレームワークもまったく同じです。身も蓋もない言い方をすると、肝心なのは使い手の力量です。フレームワークの不完全さをあげつらうよりも、いかに上手く使いこなすかを考えるほうがよほど生産的です。

道具を自在に使いこなす力があってはじめて、道具が本来持っている力を引き出すことができます。力量のある人が使えば伝家の宝刀になり、ない人が使えば猫に小判になります。フレームワークを使いこなす実践的な智恵があるかが、私たち一人ひとりに問われているのではないでしょうか。

# 8-4 深い内省と豊かな対話のために

## ▼コンサルタントの思考術の正体

フレームワークは何のためにあるのか、おおよそ理解していただけましたでしょうか。最後に、これからの望ましい活用方法を提案して、本書を締めくくりたいと思います。

フレームワークは、2000年頃から始まるロジカルシンキング・ブームの中で一般の人に広く知られるようになりました。経営コンサルタントの思考術がこれらの言葉とともに紹介され、注目を浴びるようになりました。

コンサルタントがフレームワークを使う目的は「診断と説得」です。

わざわざ高い金を払ってコンサルタントを雇うのですから、内部の人間では気がつかない客観的な視点でのアドバイスが求められます。ところが、コンサルタントが診断や治療に充てられる時間は限られており、しかも相手の会社のことはほとんど知りません。

そこで登場するのがフレームワークを使った仮説思考です。必要な視点を大まかにカバーしており、スピーディに仕事が進められ、診断を見誤ることも少なくなります。中立的な立場で客観的に分析できるのが何より有難いです。

だからといって、いつも目から鱗の提案が出てくるわけではありません（そんなことをしていたら体が持ちません！）。集中と選択、顧客開発、業務効率化など、一見当たり前の話が多く、だからこそ真面目に取り組まないといけないのです。

## ▼プレゼンで相手を圧倒する

そのためには、苦い薬も上手く包んで飲みやすくしないといけません。苦しいことを本気でやるかどうかは納得感にかかっています。目の覚めるようなプレゼンをして、「やるしかない」「やればできる」と思わせないといけません。そうでないと仕事が終わりません。

フレームワークはここでも大いに力を発揮します。「合理的に考え」「ヌケモレなく検討した結果」と言われれば、ぐうの音も出ないからです。

これが診断と説得のためのフレームワークの使い方です。今なお多くのコンサルタントが用いている方法です。

余談になりますが、ロジカルシンキングは日本のコンサルタント業界用語の一つです。日本生まれの和製英語であり、英語の辞書で調べても明快な説明は得られません。英語では論理思考のことをCritical Thinkingと呼びます。日本語に直すと批評的思考です。

そもそも、Think（考える）というのは、事実や根拠を持って考える、という理性的なイメージを持つ言葉です。Thinkingに Logicalというニュアンスが含まれており、Thinkingにあえて Logicalという言葉をつける必要がないのだと推察します。最近では Logical Thinkingで検索をかけると海外のサイトがたくさんヒットするようになり、正式な英語になる日も近いのかもしれませんが……。

### ▼成功を求めてとことん考え抜く

ところがブームから15年。ロジカルシンキングが企業研修の必須科目となったこともあり、一般のビジネスパーソンにもフレームワークがかなり浸透してきました。

もはや、フレームワークを使った診断はコンサルタントの専売特許ではありません。少し勉強さえすれば、誰もが手軽に行えるようになってきました。フレームワークの3つの限界も、ある程度のレベルの方なら容易に想像がつきます。

また、多くの人は、フレームワークを持ち出したからといって、説得されるほどウブではありません。しかも、コンサルタントのようにプレゼンをして終わりではなく、実行しなければいけません。下手なことをやると全部自分に返ってきてしまいます。コンサルタントのやり方を真似ても物事は進まないのです。

これから求められるのは「内省と対話」のためのフレームワークです。

内省とは、自分の思考や精神を省みることです。「何を考えるべきなのか？」「本当にこれでよいのか？」「他の考え方はできないのか？」と、粘り強く自分に問いかけ続けるのが内省です。これこそ英語で言うところのクリティカルシンキングです。

ビジネスが不確実だからといって経験や直観に逃げてはいけません。成功確率を少しでも高めるためにギリギリまでとことん考え抜く姿勢が大切です。そんなときこそ、先人たちの知恵が凝縮されたフレームワークが一種のベンチマークとして大変役に立ちます。自分の気づかない視点を示唆してくれ、思考を一段深めるのにもってこいです。

だからといって、鵜呑みにするのもいけません。フレームワークには限界があり、フレームワークそのものにも批判的な目を向けることが大切です。

## ▼新たな考えを求めて話し合おう

もう一つの使い方は「対話」です。

対話とは他者との思考の協働作業です。考えを深める最良の方法は、異なる考えをぶつけ合うことです。違いを乗り越えようとして新しいアイデアが浮かぶからです。まさに、哲学で使う**正**／**反**／**合**のフレームワークです。

だからといって、相手を説得したり、白黒決着をつけたりしようとするのではありません。「なぜ、そう考えるのか？」「違う筋道に対してどう考えるのか？」「異なる考えを統合する考え方はないのか？」を問い合いながら新たな考えを探究していく。それが対話です。

たとえば、最近「ホールシステム・アプローチ」（集合的対話）が日本でも浸透してきました。ワールドカフェやフューチャーサーチといった、異なる考えを持つ利害関係者が一堂に会して対話する手法です。互いのとらわれから脱して、新たな創造的なアイデアを生み出すのに大いに役に立ちます。

不確実なビジネス活動に正解はありません。次から次へと起こる問題に対して、異なる分析や解釈をぶつけ合い、合理的で納得感のある〝総合的〟な解決策を紡ぎ上げていかなければなりません。

　そのためには、何らかの共通の枠組みが必要となります。ビジネスの共通言語となったフレームワークを土台にして、みんなの力で総合的な施策を考えるのが一番の近道となります。

「診断と説得」から、「内省と対話」へ。それが、私が提唱するフレームワークの使い方です。もう一歩踏み込んで、賢く、思慮深く、要領よく考えていくために。

## 8-5 幅広い教養が私たちを自由にする

### ▼型を破り、型から離れる

日本の芸能の世界には、**守**／**破**／**離**という素晴らしいフレームワークがあります。

フレームワークはビジネスを考えるための型です。型を覚えることが上達への近道であり、型をしっかり習得しないと〝型なし〟になってしまいます。一般的な型を覚えないと、自分という型、すなわち思考の癖に気がつくこともありません。

だからといって、型、すなわち定石だけで勝てるほどビジネスは甘くありません。

時には、あえて定石とは逆の手を打って、顧客やライバルを驚かせることも必要です。型をある程度習得したら〝型破り〟に挑戦していかなければなりません。弱みを強みに転化するといったように。

フレームを組み替えることからリフレーミングと呼びます。そこから新しいフレームが生まれてくることも珍しくありません。型破りなくして新しい未来は開けず、フレームワークはリフレーミングのためにあるといっても言い過ぎではありません。

そして、最後は型から離れて自由になることです。型を意識せずに考えられるようになることです。それが、私たちが最終的に目指す境地です。そうしないと、想定外のことが起こったときに対応できなくなります。

といっても、一旦思考の型を身につけた人が、型を消し去るのは至難の業です。こうやれば必ずできるという定型化された方法論はありません。

たとえば、冒険家の関野吉晴氏は、南アメリカ大陸最南端からアフリカのタンザニアまで人類の足跡を追う旅（グレートジャーニー）を人力のみで成し遂げました。氏の振る舞いを見ていると、過酷な経験を10年も積み重ねれば、何が起こっても動じない心が鍛えられ、あらゆるとらわれから解放されるのではないか、と思わずにいられません。

そんな境地に達するのは無理でも、座禅、ヨガ、瞑想などを行うことで、「マインドフルネス」（今この瞬間自分が体験していることに意識を向け、現実をあるがままに受け入れること）を高めることができます。修行と鍛錬を重ねていけば、いつかは型を使わなくてもスッと答えが降りてきたり、体が動いたりするようになるかもしれません。それを信じてやるのも一つの方法です。

### ▼理系・文系の垣根を越えよう！

おそらく、もっと現実的な方法は、ありとあらゆる型を身につけて特定の型にとらわれないようにすることだと思います。

経営学は日進月歩であり、新しい考え方がどんどん生まれています。経営学は、経済学、社会学、心理学がベースになっており、土台を広げれば考え方も広がります。他にも、政治、国際、歴史、哲学、宗教、教育など、関わりの深い学問が山ほどあります。学べば学ぶほど、ビジネスという枠組みから自由になれます。

文学や音楽など芸術の世界の人の営みも、経営の本質を理解する助けとなります。世の中にいろいろな人がいることを知れば、考え方の幅が広がっていきます。

さらに、意外に思うかもしれませんが、理科系の学問も役に立ちます。進化論、量子論、複雑系など、社会科学の理論は自然科学の成果をベースにしていることが多いからです。先に述べた3つの限界の話にしても、統計学を学んだ方にとっては当たり前のことばかり。統計の知識はありとあらゆる分析作業の土台となります。

それに、組織を扱う経営学をつきつめると心理学の話になります。心理学は最後には医学や生物学の話になります。どちらもベースにあるのは化学です。その化学も究極は物理学に帰着します。かなり強引な論法ですが、すべてはつながっており、自然科学を学ぶことは社会現象を理解する大きな助けとなるはずです。

こうやって幅広い教養を身につけること、あるいは視野を広げること。それがとらわれから解放されるための大切な方法です。

教養のことを英語で「リベラル・アーツ」（人を自由にするための学問）と呼びます。一流の経営者の多くが、『論語』『武士道』といった古典や『竜馬がゆく』『人間の條件』などの文学作品を座右の書に挙げるのは、とても理にかなっています。

フレームワークは、決して私たちを縛る型ではありません。守／破／離のステップを踏むことで、自分というとらわれから解放して自由にしてくれるものです。型に始まり、型に終わる。それがフレームワークを学ぶ旅に他なりません。

# おわりに

今、ビジネスの世界ではフレームワークがプチ・ブームとなっています。フレームワークを学ぶために、書籍を購入したり、セミナーに参加されたりする方が増えています。経営学の普及という意味では大変望ましいことです。

反面、冒頭に書いたように、「え?」と思うような事態に出くわすことが増えてきました。プチ・ブームのキッカケをつくった一人として責任を感じているところです。そこに「フレームワークの本当の使い方を」という依頼があり、渡りに船とばかり、日ごろ思っていることをまとめてみました。

中には、お読みになって疑問に思った方がいらっしゃるかもしれません。コンサルタントの私が、自分で自分の首を絞めるような、コンサルタントの悪口ともとれる話を随所に書いているからです。誤解がないように背景を説明しておきます。

おそらく、コンサルタントという言葉を聞いて、多くの方がイメージするのは「経営コンサルタント」だと思います。問題を抱えた企業から依頼を受け、病気を診断して処方箋を提案する人たちです。高度な専門知識を元に、第三者的な視点からよりよい経営を〝教える〟コンサルタントです。

それに対して、あえて処方箋を書かないのが「組織コンサルタント」です。同じコンサルタントでも私はこちらのほうです。

どんなに素晴らしい治療法でも、自らつくったものでないと神棚に上がるからです。企業を一番よく知っているのはそこで働く人々であり、その智恵を活かしたほうがよい治療法が見つかるからです。

組織コンサルタントは、組織の活性度を高め、自らが問題を発見し、解決策を見つけ出すプロセスを支援します。処方箋を提案することは基本的になく（せいぜい選択肢を提示するまでです）、「プロセス・コンサルタント」とも呼ばれています。答えを〝教えない〟コンサルタントです。

我々も、経営コンサルタントと同様にフレームワークをよく使いますが、筋道立てて議論を進めるための枠組みとして提示するだけです。いわば、みんなで一緒に問題解決を進めるためのナビゲーションの道具です。しかも、あらかじめ考えておいた〝落としどころ〟に向けてフレームワークを並べるのではなく、議論の進展具合を見ながら臨機応変に使い分けていきます。

経営の支援にかかわらず、ビジネス活動にはコンテンツもプロセスも重要です。瀕死の状態の人に「さあ、どうやったら死なずに済むか、みんなで考えてみましょう」では助かる命も助かりません。かとって、いつも手術や投薬ばかりしていたのでは、自然治癒力が高まりません。

ただし、企業に勤めるビジネスパーソンが経営コンサルタント的な立場で仕事することはまれであり、社内では少なからず組織コンサルタント的な振る舞いにならざるをえないと推察します。本書で取り上げた数多くの失敗事例も、そこをはき違えたところに遠因があります。それで、あえてあのような書きぶりにした次第です。

ということで、従来の経営コンサルタント側から見たフレームワーク観に、組織コンサルタント側から見たフレームワーク観をぶつけ、総合的にフレームワークの活用法について述べたのが本書です。読者のご期待に添えたかどうかは、皆さんのご判断にお任せしたいと思います。

本書を締めくくるにあたり、一言お礼の言葉を申し上げておきます。

フレームワークの賢い使い方を探究するに際して、数多くの文献に当たり、先人の智恵をたくさん拝借しました。一人ひとりお名前を挙げられませんが、この場を借りて、厚く御礼申し上げます。

日本ファシリテーション協会の定例会やシンポジウム、私が主催するさまざまな研修やワークショップの場でも数多くのヒントを拾わせてもらいました。ご参加くださった皆さんにお礼を申し上げたいと思います。

あわせて、編集の労をとってくださったＰＨＰエディターズ・グループの田谷裕章氏にも心より感謝致します。そして最後に、執筆を陰で支えてくれた愛妻と子どもたちに感謝の言葉を。いつもありがとう！

PHP
Business Shinsho

堀 公俊(ほり・きみとし)

堀公俊事務所代表、組織コンサルタント。日本ファシリテーション協会フェロー。1960年神戸生まれ。大阪大学大学院工学研究科修了。大手精密機器メーカーにて経営企画やマーケティングに従事した後、95年より組織開発、企業合併、教育研修、コミュニティ、NPOなど多彩な分野でファシリテーション活動を展開。2003年に有志と共に「日本ファシリテーション協会」を設立し、初代会長に就任。法政大学、関西大学、近畿大学などで組織行動学の非常勤講師を務める。現在は、講演や執筆活動を通じて組織開発やイノベーションの普及・啓発に尽力している。

主な著書に、『ビジネス・フレームワーク』『アイデア発想フレームワーク』『問題解決フレームワーク大全』『ファシリテーション・ベーシックス』(以上、日本経済新聞出版社)、『今すぐできる!ファシリテーション』(PHP研究所)、『チーム・ファシリテーション』(朝日新聞出版)などがあり、多くは海外でも翻訳・出版されている。

E-mail:fzw02642@nifty.ne.jp

PHPビジネス新書 353

その使い方、間違っています!

フレームワークの失敗学

2016年4月1日 第1版第1刷発行

著者 堀 公俊
発行者 小林成彦
発行所 株式会社PHP研究所
東京本部 〒135-8137 江東区豊洲5-6-52
ビジネス出版部 ☎03-3520-9619(編集)
普及一部 ☎03-3520-9630(販売)
京都本部 〒601-8411 京都市南区西九条北ノ内町11
PHP INTERFACE http://www.php.co.jp/
装幀 齋藤 稔(株式会社ジーラム)
編集協力 株式会社PHPエディターズ・グループ
印刷所 共同印刷株式会社
製本所 東京美術紙工協業組合


ISBN978-4-569-82991-3

## 「ＰＨＰビジネス新書」発刊にあたって

わからないことがあったら「インターネット」で何でも一発で調べられる時代。本という形でビジネスの知識を提供することに何の意味があるのか……その一つの答えとして「**血の通った実務書**」というコンセプトを提案させていただくのが本シリーズです。

経営知識やスキルといった、誰が語っても同じに思えるものでも、ビジネス界の第一線で活躍する人の語る言葉には、独特の迫力があります。そんな、「**現場を知る人が本音で語る**」知識を、ビジネスのあらゆる分野においてご提供していきたいと思っております。

本シリーズのシンボルマークは、理屈よりも実用性を重んじた古代ローマ人のイメージです。彼らが残した知識のように、本書の内容が永きにわたって皆様のビジネスのお役に立ち続けることを願っております。

二〇〇六年四月

ＰＨＰ研究所